青少年走近伟人丛书
· 传记故事 ·

——青少年走近伟人丛书·传记故事——

恩格斯

罗范懿 著

国际文化出版公司

·北京·

图书在版编目（CIP）数据

恩格斯/罗范懿著.--北京：国际文化出版公司，2012.5（2024.2重印）
（青少年走近伟人丛书·传记故事）
ISBN 978-7-5125-0341-0

I.①恩… II.①罗… III.①恩格斯，F.(1820～1895)-传记-青年读物②恩格斯，F.(1820～1895)-传记-少年读物 IV.①A721-49

中国版本图书馆CIP数据核字（2012）第034417号

恩格斯

作　　者　罗范懿
责任编辑　李　璞
统筹监制　葛宏峰　李典泰
策划编辑　刘　毅
美术编辑　丁鉷煜
出版发行　国际文化出版公司
经　　销　国文润华文化传媒（北京）有限责任公司
印　　刷　北京一鑫印务有限责任公司
开　　本　700毫米×1000毫米　16开
　　　　　　11.25印张　170千字
版　　次　2012年5月第1版
　　　　　　2024年2月第4次印刷
书　　号　ISBN 978-7-5125-0341-0
定　　价　43.00元

国际文化出版公司
北京市朝阳区东土城路乙9号　邮编：100013
总编室：（010）64270995　传真：（010）64270995
销售热线：（010）64271187
传真：（010）64271187-800
E-mail：icpc@95777.sina.net

目录

钟声悠悠 / 005
一张被揉成团的报纸 / 008
“第11号国王” / 011
超凡的才能 / 016
虔诚的宗教徒 / 020
“上帝就是思想” / 024
红球之谜 / 030
高中辍学的苦恼 / 033
哭笑不得的“换算表” / 038
第一个文友 / 042
“小老板”首次登场亮相 / 045
走访贫民窟 / 052
飞出笼的鸟 / 058
妈妈送的生日礼物 / 063
将笔锋对准封建制度 / 066
炮手和旁听生 / 069
《莱茵报》“世界工厂”的通讯员 / 075
工人区有个“亲戚” / 080
伟大的会见 / 083
一部八十五年后才出版的书稿 / 088
第一部著作及第一批稿酬 / 090
第一个无产阶级政党 / 094
《共产党宣言》问世 / 098
点燃万道霞光 / 102
到祖国去 / 104
在被通缉的日子里 / 107
军中副官 / 111
“双重生活” / 114
作者“马克思” / 117
“我永远不会有另一个母亲” / 120

目录

姊妹情缘 / 121
不能公开出现的国际会员 / 124
结束商人生活 / 126
瞧这两家子 / 128
革命的理论 / 131
沉痛的婚礼 / 134
马克思逝世 / 137
琳蘅和路易莎 / 141
校订和翻译新版 / 144
整理和出版《资本论》第二卷 / 147
十年一卷 / 151
抢救第四卷 / 154
七十寿辰 / 156
“把自己分解成两个恩格斯” / 160
向全世界开放的“家” / 163
“五一”节，旗的世界 / 165
一次盛大检阅 / 167
最后的岁月 / 170

钟声悠悠

"哇"的一声划破沉闷的夜空——

1820年11月28日,晚上9时整。巴门,布鲁歇尔·罗特尔街800号。"卡斯帕尔·恩格斯父子公司"的这栋三层楼房的住宅里，传出一阵尖锐、急促的婴儿呱呱坠地声，这里德意志乌培河谷古老的巴门市工厂主—恩格斯的夫人临产了。

"听这声音，分明是个男孩。"

"新一代小老板降生了！"

"'绿色贵族'又添新绿！"

……

消息很快传遍了街头巷尾、饭馆酒铺。

弗里德里希·恩格斯是乌培河谷年轻的资本家，是巴门这座4万人口的普鲁士莱茵省纺织工业中心城市的新兴工业台柱子。

妇人们在唠叨贵夫人爱利莎临产时的情景。头胎骨盆紧，婴儿胖，年轻没经验。爱利莎心里乱成麻，在床上滚打得把毛毯揉成了团，两只拳头捏得流出水，要不是几个妇人蛮着性子将她仰压在床上，一人扳一只腿，又帮她喊"一、二、三"，这孩子还不知要在娘肚里憋成个什么样儿？……

男人们则在议论着弗里德里希老板的洪福和财运……

第二天，巴门市政界要员也很快知道了弗里德里希老板添喜了，政府委派威廉豪森先生作为代表，亲自来问候新生儿和母亲的健康，并吩咐巴门教堂，为这位赫赫有名的工厂主添"绿色贵族"做一次感恩祈祷。

"铛！铛！"

29日，上午八九点钟，阳光荡金洒银般地照着，哥特式尖顶塔楼上的钟楼里，大钟庄重敲响，远近房顶上的鸽子惊得飞起来，缭绕的余音传到乌培河谷的尽头……

巴门有头面的人循声赶来贺喜。

“恩格斯贸易公司”门庭若市，比厂里召开新产品订货会还要热闹，乌培河谷几乎所有的厂主、商家、老板都赶来了。他们都来向这位年轻的“工业老大哥”祝贺。

一些客人来不及拂去身上的风尘，匆匆斟满莱茵葡萄酒，向主人举起杯来——

“祝继承人像英雄齐格弗里特那样伟大！”

“祝‘绿色贵族’像罗马统帅恺撒那样荣光！”

“愿他继承爱利莎夫人的善良和他父亲的才智！”

“祝愿……”

恩格斯老板像往常一样威风凛凛地应酬大家。

“诸位！诸位！

“谢谢大家的良好祝愿！

“但愿神力无边的上帝听到你们这些祝词！

“请允许我为我的头生儿子，我的弗里德里希干一杯！

“我已经决定将他起名为弗里德里希。我希望他将来成为乌培河谷的一个名副其实的老板、干练的厂主、商界的雄狮！

“先生们！希望我儿子将来为‘恩格斯公司’增光添彩！

“我儿子起了弗里德里希大帝的名字，愿陛下的贤明庇护我的继承人吧！”

教堂的钟声,街上传来嘈杂的人声,工厂办事处里一呼百应的欢呼声……仿佛巴门城市里诞生了德意志未来的国王。

钟声也惊动了巴门的贫民窟，惊醒了白日里酣睡的夜班工人……

“这‘绿色贵族’—可见他的根深叶茂。又是新一代的剥削老板，新的吸血鬼……”

钟声响得没衣穿的穷人起了鸡皮疙瘩……

钟声激荡工厂区纯真的童心泛起阵阵涟漪……

却见那摇篮里雪白篷帐下的小弗里德里希·恩格斯，不时在梦中微笑……他没有去看那一双双肥肥的鱼泡眼们倾慕自己的目光，却似乎听见了那教堂悦耳的钟声……

疲惫的爱利莎夫人像在前方打了一场艰辛险恶的大胜仗凯旋，她甜蜜地躺在旁边一张宽宽的床上，微眯着眼睛看前来贺喜的亲朋好友，也在想着儿子的未来：忽而看到孩子穿上教授的托加，忽而看到他披着诗人的斗篷……她原想给孩子起个心爱的作家歌德 的名字："约翰"，没有料到丈夫却早先为孩子准备了弗里德里希大帝的名儿。

……孩子还依然静静地睡着，他根本不看一眼那些嬉皮笑脸和鱼泡眼，在白色篷帐里，沐浴着从窗户投进丝丝缕缕的暖和阳光，脸上一层乳白色的茸毛熠熠闪光地留下妈妈狂吻的印迹……

有谁料到，那摇篮、篷帐、教堂里的钟声和妈妈的狂吻……都在孕育着一种神秘闪光的东西，使这个大资本家的儿子在作悄然叛逆，去摧毁爸爸和他肥胖的阿叔、阿婶们所建树的一切……

"铛！铛！铛……"

一张被揉成团的报纸

“爸爸，报纸！法文报纸。《自由报》《国民日报》《法兰西日报》，爸爸！”小弗里德嘹亮的童音从家里各个角落里发出了回声。他竭力模仿着巴门报贩的吆喝声，拿着新报纸从一个房间跑到另一个房间，自得其乐地寻找爸爸。

恩格斯出生在欧洲又一次感悟到革命风暴即将来临的前夜，当巴门的钟声在乌培河谷上空回响的时候，沙皇俄国、奥地利和普鲁士为了镇压各国的革命和维护自己的君主统治结成反动联盟，他们又在特包罗紧急召开神圣同盟第二次会议。会上德意志普鲁士国王弗里德里希·威廉三世神经质地用脚在地板上敲得咯咯作响，绰号叫“风流熊”的俄国皇帝亚历山大一世断断续续地说道：

“是的，阁下，在 1814 年 3 月 30 日拿破仑投降以后，革命还会在我们身边发生的。”

巴门的钟声迎接小恩格斯的降生。

马德里、那不勒斯、皮蒙特的战鼓在召唤着人们投入战斗。

各国人民的伟大同盟也在恐怖的黑暗中诞生了。

暴风雨来临了。1830 年来临了。

“《巴门导报》《农村导报》……爸爸！”弗里德里希飞快地跑进楼上一间昏暗无光的屋子，同手里拿着烛台迎面走来的爸爸撞个满怀。“爸爸，报纸！”这突如其来的冲撞使老恩格斯的身子摇晃了一下，烛台上的火光差点扑灭。

老恩格斯翻阅着一张又一张的报纸。站在旁边的弗里德里希用好奇的目光打量着《法兰西日报》上有趣的漫画。

忽然只见爸爸的脸色阴沉下来，一气之下，他把手里那张报纸揉成一团，往门背后一扔，并大声地叫嚷起来：

“又要反了！混蛋！”

他一边说，拿起礼帽，一溜烟跑下楼去。

小弗里德想，爸爸自然是因为那张报纸才这样生气的。

他来到门背后，蹲下来，一双小手小心翼翼地把那揉成一团的报纸舒展开来。

面前显出几个黑体醒目的大字。这个刚刚十岁的孩子用地道的法语咬文嚼字地朗读起来：

“国民日报。1830 年 7 月 30 日。”

“巴黎发生骚动。查理十世退位。”

“圣但尼和苏姆街上筑起街垒。大搏斗开始。”

“……”

小弗里德读得眉开眼笑起来，他禁不住地跑出门外叫嚷“啊，那里在打仗了！打仗了！……好极了！”。

恩格斯还太小，还不能理解到底应该向谁欢呼，认为只要有地方在打仗，这个世界就有好看的了……

“打仗了！好极了！好极了！打仗了！……”爸爸见孩子如此高兴得又蹦又跳，又喊又闹，心里很不是滋味。他向孩子瞪眼睛，并当着众人恶声唬了他几声。

“嗯——我不听你的，妈妈——！打仗有什么不好呀？妈妈——！”弗里德哭起来了。

爸爸只好把孩子拖进屋里来，哄着他，把自己头上的大礼帽戴在小头上，并蹲下身对孩子小声地说：

“我的弗里德真傻！打仗有什么好？那都是穷鬼子工人起来闹事，就像我们家纺织厂的工人找爸爸闹事一样，好极了吗？”老恩格斯习惯地捋了一把头发，又接着说，“工人不安分守己在工厂做工，不为爸爸干活，纺织厂不就倒了？你吃什么？穿什么呀？你将来还能当老板？你想戴这礼帽吗……”

小恩格斯听爸爸这么认真地说，已不再哭了，一对灰蓝的小眼睛向爸爸睁得大大的，听得一眨也不眨，爸爸的话里似乎有比打仗更新鲜、更好奇的东西……

其实更新鲜更好奇的还发生在这一天还未报道出来的事实上：

这一天天空虽然晴朗平静，但整个巴黎沸腾起来了，法兰西沸腾了。街头巷尾到处都是街垒，流血战斗进行了整整一周，成百上千的英雄们壮烈牺牲，使七月成为历史上不朽的日子，起义者胜利了。

在夜幕掩护下，查理十世从法国逃跑，就像一个抢家劫舍的偷儿悄悄地躲藏起来一样，那辆黑色马车一路上沾满着灰尘，看上去好似载着一具政治僵尸——一个没有了王冠和权力的国王的灵车……

巴黎在欢呼，整个文明的欧洲在欢呼。但是欢呼很快就变成了失望，如同 1800 年一样，胜利的人民又受骗了。资产阶级巧施诡计，骗过了人民，人民得到的不是真正的自由，而是新的锁链，因为不是共和国，而是新的国王。

当恩格斯一家为弗里德在巧克力蛋糕上点燃十支蜡烛的时候，革命的大炮正在欧洲上空轰鸣。

“第11号国王”

“请到黑板跟前来！请……第 11 号。”老师一边翻着花名册，一边对学生说着。

全班同学总算轻松地舒了口气。“11 号”能回答出老师提出的所有的问题。

“11 号”是爱北斐特皇家中学里身材最魁梧的一位学生，他体格健壮高大，两只大眼睛炯炯有神，柔软的栗色头发分梳两边。可爱的圆脸庞，上嘴唇留着一撮金黄色的毛茸茸的胡须。他的鼻子仿佛是额头倾斜线的延伸，嘴巴的清晰的线条衬在和蔼的脸上显得非常漂亮。他的耳朵和脖子几乎隐藏在留得很长的头发底下，圆圆的后脑勺和椭圆形脸蛋显得十分可爱。

小弗里德里希·恩格斯听老师报了自己的学号，连忙站起身，离开课桌，走到黑板跟前。

“恩格斯，你对学过的东西都掌握了吗？”

“老师，这得由您来作出判断！”

“那你就说一说伊苏之战吧！”

“11 号”转过身来对着黑板上挂着的大地图。

“在格兰尼卡大捷之后，伊苏之战又一次证明了亚历山大 · 马其顿的军事天才……”

教室里一片寂静，“11 号”蛮有把握答得流利、自在，仿佛在朗读课本似的。他答到达利亚的巴比伦之梦、亚历山大患病、通过“叙利亚门”、波斯人的策略、赫梯人的进攻、老帕曼尼昂的英雄精神、被称为马其顿王的亚历山大受伤、希腊雇佣军的被粉碎和达利亚的溃逃……弗里德情绪激昂，仿佛他本人参加了这场战斗。

他背诵出其中几段临战时的作战命令。

他在地图上指出了军队转移的情况，并说出了一些将领的名字。

他活生生描述了激烈战斗的场面、细节、人物、传说……

当弗里德又滔滔不绝地对伊苏之战及其后果作出自己的评价时，教师显出沮丧的神情了："等一等，等等，恩格斯同学，你离开课本太远了！"

老师严厉的声音催"11号"重新回到课堂上。

"老师，课本上写的东西有许多是不对的。"

"是吗？"

"帝国的将军克劳塞维茨是非常值得尊敬的，不过，真理……"

"请问，你说的真理有什么根据呢？"

弗里德挑衅性地望着老师闷闷不乐的面容。

"我是根据阿利安、狄摩西尼、普卢塔克、狄奥多洛斯、卡里斯廷的原著……"

"你是不是都读了他们关于马其顿进军的所有著述？"

"是的！"

老师迟疑的目光凝视着他。

"好！那我考考你，根据阿利安的说法，在伊苏之战中死了多少人？"

"10万波斯人，450马其顿人……"

"那么根据卡里斯廷的记述，达利亚在高加米拉有多少兵力？"

"100万步兵，4万骑兵，200辆战车，15头戴着铠甲的大象。"

"嗯……"

"如果允许的话，我还可以背诵马其顿的任何一次演说。"

老师困惑地擦着眼镜。

课堂像一群被惊扰的马蜂，全班同学活跃起来："老师，允许他吧！""让他背吧！"……

老师真无可奈何，不得不说："好吧！恩格斯同学……你背吧！"

弗里德站起身来，把目光转向神色激动的全班同学，几十双眼睛在激励着他。弗里德的声音又在课堂上响起来：

"我之所以到亚洲来，不是为了灭绝各族人民，把半个世界变为荒漠，也不是为了压迫战败者，用剑获得的领地是不牢固的，只有对做出好事所表示的谢忱才是永恒的……有人会责备我，我把波斯的风俗习惯搬到了马其顿，我认为许多民族都有值得仿效的东西。如果不互相交换既有的财富，那就不能管理一个大国……"

格兰尼卡战役前的讲话，希发西斯河边的讲话，处决菲洛特时的讲话……老师出神地听着，他简直不相信自己的耳朵。天哪，多么非凡的记忆力！而全部讲话又都是用纯粹的古希腊语说的。简直妙极了！现在完全可以把这个学生送到科伦或慕尼黑去，当一个古代史的优秀教员……

亚历山大·马其顿的最后一次演说是用拉丁语讲的，情绪更为激昂。

老师激动得站起来说："你应该受到最高嘉奖，年轻的同行，在你身上，我看到了历史科学的希望。"

"11 号"却不好意思地微笑着："应该承认，历史并不是我感兴趣的学科。我希望从事另外的……"

"另外的学科？那你干吗要去背诵这些东西？"

"因为我想当个诗人。"

"诗人？"

"是的！"

老师沮丧地拍了一下手掌。

"诗与马其顿的演说有什么共同之处呢？"

"一切伟大的东西都与诗有许多共同之处。"

"有意思！……是谁提示你这种想法呢？"

"谁也没有提示，是我自己这样想的！"

老师以审视的目光打量着弗里德，好像是第一次见到似的。

"嗯，你使我非常吃惊……坐下吧！"

弗里德回到了自己的课桌旁，同学们热情的目光一直注视着他的身影。

老师渐渐回过神来。只见他的食指又在学生花名册上移动："请到黑板跟前来回答问题。……号……"

但丁像。恩格斯称他为"中世纪最后一位并新时代第一位诗人"。但丁生于佛罗伦斯一个没落的贵族家庭，没有受过正规的教育，却以非凡的创作才华撰写了鸿篇巨诗。他一生坎坷，37岁被放逐，客死异乡

弗里德两步并作一步地回到家里，蹬蹬蹬跑到楼上，高兴地敲着门。

弗里德飞快地跑进来，跪在母亲安乐椅旁边，像演戏似的大声嚷道：

“您的骑士驾到，夫人！”

“您的太太在此，先生！”爱利莎抬起手来回答说。

弗里德站起来，吻着母亲的手。然后，他又坐在妈妈的身旁，笑着说：

“夫人，您的骑士完成了无数功绩。”

妈妈显出一副庄重的姿态：

“说吧，男爵！我洗耳恭听着……”

弗里德把手放在胸前，滑稽地昂起头来说：

“啊，达辛尼亚！我说的一切都是最真实的真理。如今当我走过被某个恶作剧者称为‘皇家中学’的荒凉沙漠地带时，我碰见了三个乌培河谷老年骑士团里的可怕骑士。前两位是大名鼎鼎的伯爵唐·汉契克和唐·科尔理留斯，他们向我发射梭镖，挑起搏斗。他们的双手沾着学生的鲜血，脸上闪出残忍的冷光。我接受挑战，投入了战斗。突然，另一个骑士，衣衫褴褛的约翰·雅可布·艾维希先生冷不防把梭镖刺向我的胸前。四周的人看到这阴险无比的无耻行径，唉的一声发出叹息，同情地为我加油。但我，夫人，您是知道我这颗勇敢的心的，毫不战怔。我心里怀念着上帝和您，犹如猛虎一样向敌人扑去。大家都为我的勇敢精神而惊讶不已。过了五分钟光景，艾维希先生就在我的马前跪下了……”

妈妈又兴致勃勃地听了弗里德讲述历史课上回答问题的情景。她依然保持着严肃的态度，但内心的喜悦使她全身打颤，脸颊荡起火一样的红晕。她抑制不住地双手击拍起来，欢快的嗓音打断儿子的“骑士独白”。

“你说他在你身上‘看到了历史科学的希望’……甚至把你称为‘同行’是吗？”

弗里德立刻认真起来：“是的，妈妈！他真的是这样叫我的。还把我当作诗人……”

“哎哟哟，这太好了！”

弗里德脸上却显出忧郁的神色，他说：“这有什么好的，我不觉得……”

妈妈站起来，亲热地把儿子抱在怀里。“孩子，是因为你的知识太好了！前天，希弗林博士对你爸爸说，你是个天生的语言学家……看来，每个教师都想促使你去攻他自己的那门学科。这不是太好了吗？”

“不过，这是不是会使你感到不安，夫人？”弗里德惊异地对妈妈说。

“当然不会，我的骑士！”

“我看不一定，只研究语言学就满足了吗？”弗里德那淡蓝的眼珠望着妈妈滴溜溜转。

放学后，长时间愉快的聚谈，妈妈忘记了身边的事。弗里德侧身凑近妈妈的耳边说：“我想悄悄地告诉你一件事……秘密的事。”

“妈妈一定保守秘密，一句不露。勇敢的孩子，快给妈妈说！”妈妈急切地问。

弗里德佯装着四周张望，然后，认真地说：“您的骑士肚子饿了。饿得要命，两条腿都站不住了……”

妈妈大笑起来。儿子也大笑起来。

不过几分钟，弗里德把一盘蜜炸果吃得一点不剩。

放学后，弗里德的家里很快又成了同学们聚会的地点。这位衣着举止端庄的弗里德，脱下外套，解下领带，穿件白衬衫，把客人领到饭厅或者院子里。

院子里有一棵老菩提树，树下有一张弗里德自制的小木桌，他一般不请客人们到楼上自己的房间去，因为那里有着别人（尽管是好同学）很难理解的东西，只有一些思想和念头跟他接近，内心世界同他一致的人才能进入他的住室去。在老菩提树下，年轻的朋友们都感到像在自己家里一样自在，不用担心有谁会监视他们的行动或者偷听他们的谈话，不用担心有谁来打扰他们或者威胁他们。他们围在小桌旁或者躺卧在草地上，几小时几小时地交谈着，沉浸在快乐之中。

弗里德总处在他们交谈的中心位置。同学们感觉，要是弗里德不在，教室里会空荡荡的，大伙躺在草地上也只好嚼着草叶，没滋没味……

爱北斐特皇家中学的学生都戏称弗里德是“乌培河谷学府中的公认领袖”，甚至说成是“德意志的第一个学生国王”。

超凡的才能

十七八岁的弗里德已长成彪形大汉，也是爱北斐特皇家中学出众的美男生。

棕色头发总是那么整齐，白里透红的脸颊上，与淡雅的棕色胡须更显出厚重和端庄。

儿子很像父亲，很注意自己的外貌，老恩格斯就是乌培河谷穿着最入时的人。年轻的弗里德和爸爸一样，从来不穿老式的平凡的。他不爱穿 19 世纪初传统的服装，而穿比较现代化的，即 30 年代末在欧洲贵族沙龙中最流行的时装，诸如窄边的、短筒的礼帽，白衬衫，打着摩登的领带，套上坎肩，穿着与长襟礼服迥然不同的短外套，穿着暗色的窄裤腿，带宽丝边的裤子和尖头的漆皮鞋。所有服饰都缝制精细，质地考究。弗里德以其文雅的风度和高超的审美力而引人注目。

弗里德这点上虽然淋漓尽致地遗传了老恩格斯的习性，但是，在他华丽的外貌后，青春的激情在汹涌澎湃，这种性格像新鲜的葡萄酒一样冒着泡沫，冲破任何束缚他、限制他、压抑他的羁绊。尖头的漆皮鞋抑制不住他用脚去踢那扔在路上的洋铁罐。时髦的外套和摩登的领带不妨碍他去参与同学们的嬉闹，甚至到女子中学的窗户外哼唱小夜曲。用巴门一些道学家们的话，弗里德有一种“不稳定”的性格。

只有同他常在老菩提树下，玩得连眼镜也笑落在草地上的同学，才真正了解他。

弗里德邀同学聚会有个不成文的规定，每次都是从音乐开始的，同学们在自己的固定的位置上坐下来，弗里德弹奏拉摩的作品或者巴赫的作品，大家沉浸在小步舞曲的明快和赋格曲的激流之中。

弗里德同柔和而激昂的曲调完全融合在一起了。他演奏着，忘记一切。这时，听得出神的客人们几乎成了哑巴，被他的意志、感情和魔力所折服，被这位外表的美和音乐的美如此统一和谐、被这位未来出色的音乐家和演奏大师俘虏了……

不过，音乐会不会占住整个晚上，弗里德常常在演奏的中途，突然停下来，把双手放在膝盖上，转过脸来，对客人们小声地、略带倦意地说：

“先生们，我完全入迷了，而你们也不说话，不来制止我。”

朋友们仿佛从沉睡的美梦中醒来，微笑着，对弗里德突然停止演奏，把琴盖用小金锁锁上，表示由衷的遗憾。

这以后，一场漫无边际的交谈又开始了。

大伙敞开胸怀，睁大眼睛，张大嗓门，令人感到一种思想的力量。

这时，弗里德悄悄地走到一旁，抓住这个美好的时刻，迅速地画下这些全神贯注的年轻人的形态各异的肖像。

他匆匆几笔就在纸上勾勒出约翰豪斯的鹰钩鼻子，符尔姆的胖乎乎的脸蛋，格雷信兄弟的细长脖子，弗尔德曼的透明的耳朵。再画几笔，又勾出了他们的笑容、姿态和端庄的发型。

朋友们早就知道弗里德的这个毛病，因此，常常装作没有注意到他，这是他的一种高层次的善良的艺术嬉闹，他不会超出谈话的严格范围，给人们带来小小的欢乐，给生活增加一滴纯真可爱的浪花，而并不使人委屈和惹起朋友的恼怒。每当他们从弗里德手里拿来这些画之后，对于这种尖刻的又是可爱的嘲讽无不哈哈大笑，笑声使大伙谈兴更浓，更饶有兴味。

朋友弗尔德曼会把这些速写悄悄藏起来，因为他心里暗想，弗里德将来定会成为一个了不起的大画家。

一次，弗里德的一位一级老师菲利浦·希弗林博士，很自豪地给外人谈论这位出格的学生来：

“我听说常常有一些奇特的孩子，即所谓神童。我以为莫扎特就是其中之一。几年前我在巴黎看到一个十岁的孩子，能毫无差错地求证毕达哥拉斯定理。先生们，我可以毫不夸大地说，小恩格斯就是这样一个孩子……你们想一想，他才 17 岁，而他实际上掌握了 15 种外语。他可以用拉丁语、古希腊语、西班牙语、法语、英语、荷兰语、意大利语自由地说和写，同时，他还很好地掌握了斯堪的那维亚语、葡萄牙语，可以说还掌握了现在正在学习的波兰语。有一次，我在法语家庭作业本上发现有几项写满了我所不认识的文字，当我问他这是什么玩意时，他笑着对我说，这是一种爱尔兰方言，可能是北爱尔兰方言，目前世界上只有550人使用这种方言。我惊奇地问他：'那你是怎么弄到这种语言的？' 弗里德调皮地回答说，什么怎么弄到？你想想，我坐着轮船，结果轮船遇险，海浪把我冲到了爱尔兰岸边。我就向当地善良的渔民讨了一块面包，这些渔民只会讲这种艰难的方言。"

希弗林先生说着由衷地笑了，笑得酣畅开怀，他接着说：

"是的，先生们，这位懂的语言比我还多的年轻人就是这样回答我的。我相信他正是一个通晓多种语文的非凡的人。老实说，有时候我都有点怕他。作为一级教师走上讲台时，我知道他一定注意地听着我的每一句话，也一定十分注意我的解释是否正确。有时他还试图在全班同学面前跟我争论，当然这样做不符合教学要求，但从语言的角度来看倒是挺有意思的。例如，有一回经过这样的争论，我更好地弄清了通过阿尔萨斯方言从德语移入的一些法语词的发音。正因为这个缘故，我常常把他叫到黑板跟前来。他并不像乌培河谷的小驴那样在嘴里咕哝，而是说得很流利，很有学问，而主要是说得很有意思。我还得这么老实说一句，每当巴门社交界某个不速之客或者杜塞尔多夫的学监光临班上的时候，我总是把希望寄托在弗里德身上……"

在弗里德的书柜里有他的短篇小说习作《海盗的故事》，有他用古希腊语写的荷马式的六脚韵诗《决斗》，案桌上还有他对伏尔泰《老实人》和《马可·波罗游记》及歌德的《植物变异》和《拿破仑日记》等作家作品的文学风格的评论，还有一页诗剧的创作提纲……

这位皇家中学的美男生，在诗歌和故事里倾注了自己丰富想象和高尚情操，他内心既竭力想成为战士，又成为作家、画家、音乐家，他潜心要成名成家，要真正成为这所皇家中学中出格的让人刮目相看的好学生。

"弗里德，请你别弹了，我快要发疯了，我突然不想听你的演奏了。"约翰豪斯从座椅上站起来，弗里德很快停止了他的著名的贝多芬D小调奏鸣曲，喜出望外地问：

"怎么回事？朋友，你肯定发现了更美的东西了！"

约翰豪斯重新坐下来，上气不接下气地说："两星期前，我和父亲在波恩听了贝多芬的第五交响曲。是我们舒曼的朋友门德尔松指挥的，这以后我就再不能听其他的音乐了，自然也包括你演奏的。我耳朵里老是响着那些鼓啊、号啊、长笛啊、黑管啊，好像有东西在倒塌，有人在哭泣，总是揪着我的心，要把我抬举起来，烧毁……"

弗里德走出演奏台，像大喜来临，双手猛地把同学抱得紧紧的，高兴得抱得同学直跳。

“彼捷尔，你听到了这么出色的贝多芬乐曲的演出，应该感到幸福。我国的庸人们至今还不愿理睬他。他们不能容忍贝多芬对布鲁图同情和对国民公会的赞叹……”弗里德激动地说。

“你听过吗，我的音乐大师？”

“遗憾，没有听过，左斯达夫……不过，我会有幸去听到这首宏伟的乐曲的，我会无须吃和睡，也去疯他一回！”

过了三四年，1841 年，弗里德总算在柏林听到了那同学听到的、同一个乐队演奏的贝多芬第五交响曲，他给妹妹玛丽亚写信说：

“昨天晚上听的才是真正的交响乐呢！如果你没有听到过这部宏伟壮丽的作品，那么你一生就根本没有听过任何音乐。第一乐章中这种充满绝望的悲哀，柔板中表现的那种哀诗般的忧伤，那种温柔的爱的倾诉，而在第三和第四章中，由长号奏出的那种坚强有力的、富有青春气息的自由的欢乐……”

虔诚的宗教徒

一场拈阄的闹剧使弗里德的爸爸失去了一切。致命的“红球”反倒促使老弗里德里希鼓足勇气，竭尽全力去收复失去了的一切。他到遥远的曼彻斯特寻求了独立生活，他和欧门兄弟一起在这里办起了一家大的纺织厂，挂起“欧门—恩格斯”的招牌，并于1837年初创建了公司。过了四年，这位小约翰的长子又卷土重来，在巴门和恩格尔斯基尔亨建立了两所新的纺织厂。起初，他的两个拈阄获“白球”的弟弟以掌握父亲的工厂财产而自居，并嘲笑弗里德里希想要扭转乾坤的不自量力。当大哥在巴门办起纺织厂以后，两个弟弟的嘲笑很快变成了哀怨、哭诉和苦苦求饶。大哥的新式机器在同约翰老爷爷的“掉了牙”的车床的竞赛中占了上风。经受过拈阄不中的沉痛打击的长兄，在经济事务上不屈不挠，对两个弟弟这样的竞争对手也毫不留情，主张痛打弱者，趁他们还是个弱者就要致命地打击，彻底吞并他们，因为明天他们又可能变成强者。

弗里德的爸爸在恩格斯家庭中是位最矛盾的人物，他在两代人当中仿佛是一块地界碑，把家族中的一切善与恶都吸收了进来。他有祖父的善的一面，更有残酷剥削和压迫的一面。连他的外貌和讲究习俗也在家族中独具一格。

老弗里德里希·恩格斯有高大的身材。胖乎乎的圆脸庞，松软的棕黄色的连鬓胡子，蓝眼睛里闪露出一种富于才智的神情和自我优越感，两只手又长又大，说话时如雷的膛音可以压倒机器的轰鸣。他常穿条纹的瘦裤子，白色的绸衬衫，打条花领带，领带上别上一枚镶珍珠的佩针，和花花公子一样，喜欢在走路时拿一根油光锃亮的细手杖，手杖上还装个沉重的银镶头。一位乌培河谷最文雅、最善于显示体面风度的大老板。

他意志坚强，性格严厉，这是他两个弟弟所不具有的，也是在资本家生活方式的矛盾气氛中所十分宝贵的，正是由于这种性格，拈阄的“红球”不但没把他摧毁，反而促使他大获全胜。

百折不挠的意志和严厉的性格，形成他残酷无情的剥削手段。然而他又是乌培河谷虔诚派的教徒，虔信上帝，常到教堂去做礼拜。他认为基督教信仰是纯净灵魂的原则规范，是整治社会的原则规范，是一种社会义务。

这位习惯于市场的实业家，却又对人类的艺术杰作表示真正的虔敬。他阅读古代作家的著作入迷，崇尚伦勃朗，为贝多芬是自己的同时代人而骄傲。他爱看莫里哀的喜剧和莎士比亚的悲剧。最喜欢的还是音乐，喜欢严肃的古典音乐，巴赫的赋格曲使他佩服得五体投地，海顿的协奏曲使他心头充满喜悦。他的巴松管吹得很好，大提琴拉得也不错。常去参加音乐会，这头商界的雄狮在音乐面前变得柔弱。在他身上，残酷无情与悲剧成分融和一起，利己主义与浪漫精神共同相处，他是个令人畏惧的人物，和蔼的夫人和八个可爱的子女一听到他的声音，心里也战战兢兢的；他又是个招人喜爱的人物，对艺术特别是对音乐的酷爱，这一媒介融合了人的情感。

恩格斯的母系家族对弗里德影响最大。

弗里德的母亲爱利莎·范·哈尔继承并发展了她的家族对上帝的虔诚和对艺术的爱好。她金黄色的长发，滋润的嘴唇，纤细的腰身，光滑的皮肤，一切都显得光彩照人。即使后来成了八个孩子的母亲，她依然是乌培河谷最漂亮的女人。

弗里德的妈妈出生在一个语言学家的家庭里，对精神财富要比爸爸的任何金融成就看得更高。她同弗里德的外祖父范·哈尔一样是个热情奔放的人。仇视任何的不公正，酷爱艺术和崇拜艺术的创造者。在她看来，艺术，特别是文学是最美好的思想感情的泉源。她毫不讳言地告诉子女在学会经商之前，首先要理解诗的奥秘。

妈妈是恩格斯家里唯一一个与欢声笑语同在的人，孩子们都喜欢同妈妈在一起，她自己虽也是个虔诚的宗教徒，但她并不强迫孩子去做祷告或背戒条。这位美貌、刚强、才智横溢的女骑士读过黑格尔的著作，把诗人歌德看作自己的精神之父。弗里德一生下来就在妈妈的哺乳、教育中接受了她的一切营养。

弗里德在1833年写的一首儿童诗里，把外祖父这位白发苍苍的哈姆中学校长——一位虔诚的宗教徒称作自己的“精神领袖”。

一个晴朗的冬日的夜晚。恩格斯家族的大宅院已进入睡乡。雪地上的反光透过纱幔照进屋里，四周一片寂静，只是在走廊里不时传来几声鸟的咕咕声。

家里让他同远方来的外祖父一起过夜。他把头睡在外祖父的膝盖上，一双浅蓝色的眼睛睁得圆圆的，着了魔似的凝视着熊熊燃烧的壁炉——他觉得外祖父讲的奇妙的神话故事，似乎是从壁炉里传出来的，他似乎看见壁炉的火舌在向他说话：

“是啊，弗里德，从前在我们烟雾弥漫的德意志南边有一个国家，我们的祖先把它叫做埃拉多斯。在这个国家里，所有东西，无论是人、大自然，还是一些奇妙的事迹，都是由伟大的神创造的。那里的居民们穿着露美藏丑的衣服，他们把美看作是至高无上的；他们的体态是完美和优雅的典范。那里的诸神生活在人们中间，因此也长得像人一样，是由亲吻而生下来的。这个国家的每一个角落都有自己的历史，有自己的诗章，有自己的命运。每一个居民都有一个神，每一个人都是英雄，宙斯是诸神之父，它住在奥林匹斯山的雪堆上；波塞东是它的兄弟，它住在大海的深渊；太阳神是太阳的保护者,它住在辽阔的太空。那是一个幻想和现实融为一体的神奇和不朽的世界。三个美神的迷人美丽体现在人间的弗利娜的形象中，雅典娜的智慧体现在德谟克利特的思想中，阿波罗的优雅体现在斐济的雕塑上，维纳斯的热情体现在沙孕的诗篇中，那里的人们在同诸神展开竞争……”

壁炉里的火已变成了灰烬，外祖父也睡着了，只有小弗里德还精神抖擞地坐在床上。

清晨，冬天的太阳透过纱幔照进了孩子的房间，孩子的枕头边上放着一张写满哥特式字体的纸。阳光只照见匆匆写就的头几行字：

“……埃拉多斯是个泛神国家……那里的天空格外蔚蓝，那里的太阳格外灿烂，那里的海洋格外浩瀚……每一条河流有自己的河泽女神，每一丛树林有自己的森林女神……”

弗里德同外祖父度过的夜晚是一生是最幸福的夜晚，最难忘记的夜晚。几年以后，弗里德从书柜里取出这张已经发黄的纸，神色激动地翻阅着童年时写的笔记。

他拿起笔，从拿破仑第一次远征时保留下来的铅制大墨水瓶中蘸一下，匆匆写出几行字，一篇《风景》的习作留传下来。

白发苍苍的老校长领着小弗里德，在神话和传说的小道上，在历史和诗章的大路上漫游……

弗里德从外祖父那里，第一次听到关于普罗米修斯的英雄悲剧和克利奥帕特腊的史诗故事，关于罗马庭生的传说和汉尼拔大将的传记。他从外祖父那里知道了各种古老的传说——从泰西和百眼巨人阿尔左斯的传说到“大西洲”的传说。

普罗米修斯的神奇伟大——从天上盗取火种到人间，并传授给人类各种手艺，因此触怒了主神宙斯，被锁在高加索山岩上，每天遭受神鹰啄食肝脏。

一位九岁就向父亲发誓的汉尼拔大将，对罗马作终生不渝的斗争。

阿尔左斯长有百只眼睛，睡觉时只闭两只眼神，其余的都睁着。

……

外祖父心境舒畅时，还常常一小时接一小时地讲述伊壁鸠鲁的哲学和恺撒的统帅天才，整段整段地引证西塞罗的演讲，朗诵歌颂爱国主义英雄罗兰的诗歌，赞赏关于齐格弗里特的传说，议论圣弗朗斯瓦的生平，玩弄威廉施比格尔的诙谐智趣，或者评论孟德斯鸠的博学多才……

弗里德蜷缩在屋角里，聚精会神地望着外祖父高大的神色激动的身影，一件丝绒的紧身长袍，披着苍白的长发，眼睛冒出火一般的光芒，就好像伏尔泰的作品中的长老弗尔涅在发表热情的演说：

“世界应当从愚蠢中解放出来！”

从此以后，经外祖父传给了他的伏尔泰作品中的这一句话，成了弗里德的人生座右铭。

一位工厂主的儿子在外祖父和妈妈的影响下，首先在宗教中神话中发现了美。他读《圣经》更像读小说一样，从中吸取了富于想象的精神食粮。

在 16 岁以前，弗里德自然是个真诚的基督徒，是“耶稣的爱子”。他耐心有趣地看遍了堆积如山的神学书籍，他有自己的忏悔牧师，在学校里常做宗教题材的介绍报告，写诗赞颂上帝。尽管这位年轻人秉性桀骜不驯，但他一丝不苟地恪守宗教的道德和教会的礼仪,使乌培河谷的各界人士为之敬佩。

“恩格斯老板，您儿子生来就是个当神甫的料啊！”有一回，在老弗里德里希的营业所里，一位闻名乌培河谷的路德维希·乌尔芬，似乎在总结巴门人对弗里德受坚信礼以前的看法时说了这句话。

当时，在巴门的每一个家庭里，当孩子们爱玩耍、不听话、没有礼貌或行为不端时，家长们几乎都把弗里德的名字和行为，当作孩子们成为虔诚宗教徒的典范。

“上帝就是思想”

弗里德会做基督教徒的各种祈祷，会唱多种赞美诗，还能讲解《圣经》。人们常常见到他跪在教堂里，双手捧着祈祷书……

乌培河谷人总是蹑手蹑脚地在他旁边走过，生怕打扰这位孩子的平静的灵魂，匆忙地在胸口画个十字并轻轻地说：

“天哪！上帝保佑这个孩子吧！”

老弗里德里希·恩格斯希望自己的长子——八个孩子中唯一能准许上席、能同自己一块就餐的大孩子能成为真正的乌培河谷人，即真正成为乌培河谷的教会代表，一切听从父命，经常到巴门的大教堂去，出席各种宗教仪式并加入教会，最终成为恩格斯商家的第一继承人。

眼下看起来，弗里德的发展进步是爸爸满意的，十几岁的孩子已成了乌培河谷孩子们效仿的典范。

在弗里德的身上，有两股强大的力量，同时在影响着这位年轻人的宗教教育。一股是父亲的力量，另一股是外祖父加上自己母亲的力量。爸爸的专横暴戾和外公、妈妈的善良温柔，都同样具有某种威严的、令人折服的不可抗拒的性质。前者的暴虐为后者的温柔所补充。爸爸的冰冷如铁的意志遭到反抗时，外公和妈妈的热情洋溢的教诲在自由地驰骋。

弗里德跪在教堂，依照爸爸的要求作出长子的表率，每天晚上，都得在爸爸的监视下做祷告。孩子跪地双手捧着祈祷书，心里想着一天当中所做的事情。只祈求乌培河谷的上帝赐予最普通最平凡的东西。他祈求上帝告诉祖父卡斯帕尔不要怒气冲冲地抖动他的大胡须，祈求上帝告诉妈妈，她可不能老那样文质彬彬，被动于爸爸的权威之下；请求上帝跟外公说一声，让他常讲些故事给他听，最后请求上帝让爸爸别那么粗暴，硬要人家服从他的意志……

这时，弗里德习惯地闭上眼睛，胆战心惊地回想起最后一次见到爸爸时的情景，眼前浮现出爸爸的身影，听到了他使整个乌培河谷为之惧怕的声音。

爸爸的身影犹如一块岩石，将要倒塌在自己的头上，并又在生气地说：

“你是我的孩子，你一定要服从我的要求，我希望你无愧于我给你起的名字。恩格斯家族的姓氏只有笃信宗教的男人才配得上。今天你又在向上帝祷告时看别的书。弗里德，这可不好！即使你年纪幼小，这种懒散的态度也是不可原谅的！”

爸爸这位自身矛盾的人，自己爱音乐和其他艺术，也爱阅读伏尔泰或其他“邪书”，却坚决反对孩子去接触这些东西。他每天晚上都要极仔细地检查儿子的房间，去搜寻僻静的角落里的“邪书”。尽管妈妈反对爸爸这样做，但无济于事。

“我的儿子就是我”，爸爸喜欢这样强调说，“弗里德应当成为真正的公民，而不能成为像柏林轻浮子弟那样的反基督者……”

他害怕爸爸神经质的手指，掀翻他的书籍，在他的床上、衣兜里搜索，翻阅他桌上的每一片纸片，只要有一点叛逆的迹象，就会把它揉成团，撕得粉碎，扔到窗外去。莱辛的《埃米里亚·加洛蒂》和拉伯雷或席勒的《卡冈都亚悲惨一生的故事》等都遭了爸爸撕毁的厄运。每当这时，弗里德就潮湿着双目转过身去，背着爸爸，凝视着墙上带圣像的十字架。

“祷告吧，弗里德，我的孩子，因为你读的东西无论对于你父亲还是对于上帝，都是没有用处的。”爸爸说。

“爸爸，我也替你祷告吧！愿上帝宽恕你所做的这一切！”有一次，弗里德这样坚定地说。这个回答就像一记耳光惹起了父亲的狂怒。他从这个角落跑到那个角落，又大叫大喊跑下楼去。

“夫人，快来，夫人！您怕是没有想到吧，您儿子竟说出如此亵渎神灵的话。”

有时，孩子又问得爸爸哑口无言：“爸爸，我几次见你也在津津有味地读这几本书，你为何只不许我读呢？”

专横粗暴的爸爸在这方面只允许自己越轨，自己可以这么做，可以去“毁了自己”，却坚决不让自己的继承人去做，不让自己所有的亲人去做。歌德的著作放在爸爸书房显眼的地方，可一当妈妈拿出来看，他会脸色发青地说：

“夫人，有教养的妇女，是宁可做针线活，也不会去看这种书的！”

爸爸自己很少站在带圣像的十字架前祈祷，但是如果他发现弗里德从圣像前面走过而忘记画十字，他的手杖就会威胁地高高举过孩子的头顶。

“回来，我的儿子，快祈求上帝宽恕吧！”

父亲本来爱好自由，他不信宗教。但他毕竟属于工厂主阶层，基督的神话，顺从的观念，可以用来反对那些敢于在老板面前不阿谀奉承，不脱帽鞠躬的人；反对那些常聚众闹事，老要“罢工”的人；还可以用来反对那些敢于把工人从教会和酒馆里拉走，向他们讲“平等世界”的乌托邦故事的人；更能抑制黑格尔派的思想渗入到他的堡垒里来。因此，他一定要做违背他本性的事，紧握着教会的那只枯瘦的手，并把自己心爱的长子的教育，也托付给神职人员，让他穿上牧师的长袍。

那次激怒了爸爸，挨了爸爸的手杖后，弗里德心里更不平衡了。想起自己矛盾着的爸爸，想起所见所闻的一些现状，心里积着一股火，实在忍耐不住了。他在一堂语文课上向老师提出了这个伤脑筋的问题，并引起了全班同学的响应。

“不要再背这首诗了！”老师制止不住了，全班同学都转身望着最后一排座位上的恩格斯，歌德的诗句像决堤的洪水一样倾泻而出。

哲理呀，法律呀，医典，
甚至于神学的一切简篇，
我如今，啊！都已努力钻研遍。
毕竟是措大依然，毫不见聪明半点；
称什么导师，更叫什么博士，
颐指了一群弟子东西南北十余年，
我心焦欲烯，究竟所知有限！
我比那不值钱的博士导师、文人方士，
总算是称加优贤；
纵使是无疑无惑，
不怕地狱，不怕恶魔——
但我一切的欢娱从此去远，
再不想，求得什么卓识真知，
再不想，以口舌传宣，
能把黎民于变。

同学们兴高采烈地听完弗里德朗诵后，都从座位上欢跳起来，热烈地向他鼓掌。局促不安的教师，手足无措地在窗户和门之间来回奔走，提心吊胆地在身前画着十字。这时候，他最怕的是校长进来，因此他用拳头敲打着讲台，试图制止教室里出现的这种喧闹局面。

“安静，安静点！……真不像话，同学们！而你，恩格斯先生，你真使我生气，这首糟糕透顶的诗不会给你增添光彩。……你那位高贵的父亲要是知道这一切，一定会不高兴的。”

下课铃声响了，受了委屈、汗流满面的老师拔腿往外跑去。在他身后却响起了学生们欢快的呼喊声：

“歌德万岁！弗里德万岁！”

年轻的弗里德，那颗天真纯朴的心灵，受到震荡，意识被钉在信仰与怀疑、真理与谎言之间……

乌培河谷的社会现实，工厂主的爸爸与贫穷工人的现状，这一切常常使弗里德的宗教情感受到种种考验。

在街上碰到一个四处乞讨的残废工人,促使他考虑基督是否仁慈的问题。

无人向这饥饿者伸出援助的手来，弗里德不得不难为情地反问：“难道在巴门这个地方没有一颗善良的心？”脑满肠肥的工厂主和大腹便便的牧师就在旁边走过，高礼帽的公职人员和烫得笔挺的高领子的教师们也在旁边走过。于是，弗里德深感自己正陷于一场骗局，感到有一种可耻的和卑鄙的东西，在同《圣经》上说的道义相矛盾着……

他崇尚“上帝”，认为“上帝”确是极为美好的，但弗里德认为——

“上帝就是思想！”真正的上帝是虚构的。

他信守了这句格言，并意识到宗教越来越束缚人们的精神，束缚人们去不断开创新道路。

弗里德 15 岁那年，爸爸就在给妈妈的信中，对他的教育表示极大的担忧：

“弗里德里希上星期的学习成绩中等。你知道，表面上看来他已规矩了一些，但是过去一些严厉的惩罚，显然都不能使他因害怕受罚而完全听话。今天他又使我为他担忧，我在他的抽屉里发现了一本肮脏的书，这是一本从图书馆借来的关于 13 世纪游侠故事的小说……愿上帝保佑他吧，总的说来，他是个好孩子，但我总为他担心，怕他堕落。他固然有一切美好的品质，但到目前为止，我还发现他有些意志薄弱和思想轻浮，这使我深感不安。”

也确实如此，弗里德的书架上那些宗教书籍渐渐消失了，他大胆地把那些使爸爸惊讶和愤怒的新书摆到了书架上面。书架上出现了培根的《科学的伟大复兴》和伽利略的《两种新科学的对话》、笛卡儿的《论世界》和布丰的《自然史》、达尔文的《自然论丛》和洛克的《人类理性论》等，这些哲学家、科学家的著作给弗里德脑海里的疑问提供了比较满意的答案。气急败坏的爸爸几次想把这些宣扬无神论思想的可怕书籍从儿子的书架上扔掉。但每一次，弗里德的激烈反抗都使他怅然若失，他不得不懊丧地把书放在就近的一张椅子上，来同儿子谈话。

孩子不再是小孩了，他已长成大人了。

“你正在走上危险的道路，弗里德里希！这些荒诞的书会使你离上帝越来越远。你现在已经不是乌培河谷引以为骄傲的那个模范的孩子了。我有一种感觉，你现在已开始怀疑你曾经相信过的一切……”

“爸爸，你的担心是没有根据的。本来应当感到高兴的东西，你却为之惋惜。是的，今天我已经不是昨天的我了，我长大了，爸爸！你很生气，因为我的心很不平静。你很不满，因为我对许多问题发生了怀疑。”

“难道你以为怀疑会使人的精神变得高尚吗？难道宗教没有给你提供一切吗？你这个忘恩负义的人……”

“宗教只给我塑造了个美好的上帝，但这上帝又是虚有的，上帝是思想，我崇拜上帝和上帝的美好思想。除此，宗教几乎没有给我什么东西，宗教史告诉我说，宇宙是在七天之内创立起来的，但是科学却证明，我所碰到的每一块石头都已经存在了几百万年。这让我相信宗教还是相信科学？爸爸，摆在你面前的石头、大山、河流，你相信吗？宇宙能在七天之内创立起来吗？……”

爸爸无言可答。面对孩子书房写字台上的地球仪和一旁玻璃瓶里尽是些蜥蜴和蝙蝠的标本，还有彩色蝴蝶等一些昆虫，爸爸真对孩子没有办法了。

工厂主发出了震慑乌培河谷的发抖的声音：“简直是胡思乱想，弗里德，你已经不小了，应该考虑一点正经的事情了，工厂主的儿子总不能像个梦游病狂者吧？……什么都不要给我学了，再过几个月去我的公司办事处熟悉业务，那才是你寻求真理的地方！那里才是你追求的自然界！那里才是……”

弗里德眼看爸爸作出这样的决定，昂起头来说：“爸爸，我的命运由我自己定了。我不想去经商，我不想发财，去当你那个老板……当然，我还不知道以后我会搞什么。不过，宗教离我是越来越远的了。文学、艺术、科学，这是目前使我感兴趣的东西。”

弗里德用强硬的口气说：“爸爸，别妨碍我走我自己的路！我相信，正是这条路能使我找到我所要找的真理。”

工厂主的手杖高高举起，又狠狠地朝儿子的头上劈下。弗里德却还嘲笑着爸爸说：

“你也太可笑了，老板先生，拿破仑的脊背上可也曾挨过棍棒啊！……”

1838 年，一个静静的夏夜，17 岁的弗里德，和他的两个好朋友格雷培兄弟坐在乌培河畔，他们望着布满星星的天空，他们又在为神秘的天体发出感叹。

弗里德脱下礼帽，抬起头来，遥望星空，大声地、郑重地说：“听着，格雷培兄弟！听着，你这沉睡在十字架下的罪恶乌培河！听着，星星们和遥远的星体！我，小弗里德里希·恩格斯，向你们，向全世界宣告：上帝是没有的，上帝是神话，上帝是虚构！我宣告，理性万岁，永不安宁的人类思想万岁！”

格雷培兄弟听弗里德这么说，雕像似的站着一动不动，只不住地在胸前画着十字。

弗里德的声音却传给了星星、天体和乌培河……

红球之谜

恩格斯家族是地道的日耳曼人。

他们是从哪儿迁移到乌培河谷来的呢？谁也知道得不十分确切。

根据性格严厉、身材魁梧、宽肩膀、蓝眼睛和略微的驼背来判断，恩格斯一家祖祖辈辈都可能是在易北河畔的马铃薯地里劳动。他们穿的那种粗制的木头鞋，只有在靠近荷兰边境的那些村镇里的人才穿。

在那遥远的时代，乌培河谷没有什么地主，土地被任意分割成一小块一小块的，恩格斯家族的第一代代表也赶到乌培河谷，分得一小块黑土地。

从那时起，他们有了一块土地，不再无休止地流浪。这一家年复一年地播种小麦，种植马铃薯，开拓葡萄园。把麦子碾成面粉，葡萄酿了酒。每到秋天，他们的大车就吱嘎吱嘎地行驶在通往佐林根、多特蒙德或者杜塞尔多夫的大道上。

恩格斯的祖先在南方出售葡萄酒，在北方出售麦子或面粉，日子过得不比别人差。

大约过了一个世纪，在邻近的法国，矿井的所有者成了骑士；英国的绅士们做起了皮革买卖；荷兰的教会拨款来建造船厂……乌培河谷的农民一个接着一个地抛弃了贫瘠的土地，流浪工场，做自由的打工仔。

恩格斯家族成了乌培河谷的第一批打工仔,是这里第一批扔掉锄头的人。从此他们不再种地了。

他们开始干起了简单的手工艺——漂白棉纱，又在河畔的石头上晾晒漂白的棉纱。他们的双手虽然被染料的毒素和冰冷的河水泡肿了，但是希望的星火却没有熄灭，血管里也在沸腾着由工人变成赚大钱的老板的强烈愿望。

曾祖父约翰·卡斯帕尔·恩格斯是这个家族的第一代幸运儿，强烈的事业心为恩格斯家族揭开了新的篇章。一个棉纱商人在短短的时间里变成了善于赚钱的殷实的资本家。

弗里德的祖父小约翰又继承了父亲的优良传统，非常珍惜工人，以最善良的老板而誉满乌培河谷。他注意保持同工人的旧日关系，常常亲自同他们一起去干活。在他的“荷兰式”房子周围出现了一个工人村，纺织机的轧轧声不断地从那里传来。工人村的许多房子都是用小约翰的钱盖起来的。1796年，他在德国开办了一家免费的工人子女学校。他创建了一个专门的饥饿者救济协会，自己担任协会主席，捐助大笔钱购买粮食和衣物。所有这一切都使这新一代恩格斯的名字添上了一圈善良的光环。小约翰也自然在巴门的宗教和市政机关中担任了一些名誉职务，巴门的社交界对他深怀敬意。

弗里德的祖父一生的愿望实现了：作坊变成了工厂，营业所变成了公司，乌培河谷最大的纺织企业成了恩格斯家族的财产。祖父没有理由再埋怨上帝，他可以安心地等待死神光临。他在弥留之际，把三个儿子叫到跟前。

儿子们一个个跨进门槛，默默地低头站在父亲的卧榻前。这是三个梳着摩登发型、穿着黑色礼服的老板。临死者的眼睛里闪烁着骄傲的神色：儿子们个个都是名副其实的老板，公司的前途是有保障的。

丧钟的余音还没有静息，营业所里开始了秘密会晤。当着公证人比宁鲍威尔先生的面，三个儿子打开遗嘱：

我的孩子们，恩格斯家族的力量就在于团结。你们要团结。你们要团结一致！愿你们和睦相亲。在任何时候，任何情况下都不要忘记上帝！这就是我要嘱咐你们的。

你们的父亲和庇护人

小约翰·卡斯帕尔·恩格斯

三位继承人的脸色在行将熄灭的烛光照射下变得阴沉起来。难道百万富翁只留下这样一份简短的遗嘱？

祖父没有放下心来的就是这一点，孩子在奢侈的环境里长大，灵魂中少了高尚的东西。他们孩提时就觉得自己是少爷，从小娇生惯养，只知把头发梳得油光，都没有吃苦的精神。祖辈们艰苦创业的经历在他们的意识中已无影无踪。特别是两位小儿子，更是如此。

他们三人暂时听命于遗嘱。可是，幻想飞黄腾达的三个继承人越来越暗中敌意，三兄弟把一辆车子分别往不同的方向拉。老大想去英国，他在遥远的曼彻斯特有重要业务联系，老二要到法国去寻求幸福，老三想去东方，认为俄国是吞下整个欧洲纺织品的大市场。小约翰的“恩格斯父子公司”就要倒闭。

经过一场冲突后，三个固执己见的兄弟决定用拈阄来分配父亲的工厂和营业所，让机遇来解决遗产问题。

比宁鲍尔威老头庄重地脱下了礼帽，在礼帽里放了三个台球——两个白色的，一个红色的。摸着白色的就算赢了，摸着红色的就算输了。再过几分钟，乌培河谷的整个南德意志的最大企业就要分成两半。

三兄弟的手颤抖地一只接一只地伸进缎子礼帽，然后再后退一步，解开眼睛上绑着的带子。

拈阄完毕，大儿子弗里德里希·恩格斯，即弗里德的爸爸手里拿的是红球，他失去了自己的一份遗产，永远离开了恩格斯家族的营业所，去遥远的地方创自己的事业。

弗里德的爸爸凭一双白手艰苦创业，成就了大事业，成了威震一方的大资本家。当他的大孩子弗里德降落人世的第一天，他就许诺过，不能再让这个大孩子摸着“红球”，要让他去继承自己的家业，当老板，当更大的资本家。

然而，这个新一代恩格斯的大孩子，又一个弗里德里希，无论爸爸怎样在头顶上挥舞着手杖，自己却认定、选准了这个——“红球”！

高中辍学的苦恼

1834年秋天，爸爸把弗里德送到毗邻的爱北斐特皇家中学上了理科中学，希望他学到扎扎实实的学问，弗里德也希望自己在理科中学毕业后升入大学。但是，爸爸见儿子越学习离宗教越远，越在叛逆着自己，他觉得自己事业的第一继承人已到了非停学不可的地步了。

高中毕业考试的前一年，弗里德被迫退学，离开教室的长凳，坐到了商行事务所的办公椅上。一位工厂主富翁的儿子，因此过早地中断了学生生涯。

1839年冬天，弗里德被迫坐在爸爸的大贸易公司的屋子里。公司比学校更严格，每天的生活都是一模一样的，从家里乏味地走到公司，又从公司乏味走到家里,每天又都乏味地重复那些该做的事务。弗里德通常六点起床，七点吃早饭，八点到公司里。一直工作到十二点。一点钟吃午饭，从两点到六点又在公司办事。七点整才回到家里。八点钟吃晚饭，只有九点以后才能自由支配。

弗里德的办公桌在布满灰尘的这间屋子的角落里，在一个瓷砖石的大火炉背后。他对面，靠窗户口的是老办事员鲍威尔的桌子，稍右边一点是年轻而勤勉的办事员古特迈耶尔的桌子,弗里德背后挂着一张莱茵地区的大地图，古特迈耶尔背后则挂着一张曼彻斯特的全景图，一把老式的铁茶壶在火炉上呼呼作响，而在鲍威尔的桌上，屋子里的第四位主人——小猫弗里特在打着呼噜。

正是一月的天气，窗外下着鹅毛大雪，因此公司里显得很寂静，很阴沉，令人昏昏欲睡。鲍威尔和他的右邻一样，坐在窗口光线充足的地方，他的爱好是随时报告街上发生的一切。这位档案管理员把眼镜高高挂在额头上，目不转睛地望着窗外,将巴门马路上发生的大小事情都一一报告自己的同事们。

“先生们，请注意！”鲍威尔引人入胜地开始报告说，“柯尔牧师正在对面街上怡然自得地行走，脖子上紧紧地围着一条围巾，耳朵里塞上了棉花，看来，他想竭力保护嗓子和听觉，否则，就不能咒骂，也不能窃听了。我们那位孜孜不倦的竞争者艾里希先生兴冲冲地向他迎面走来。他的背上全是雪，看来他摔了一跤，这位先生像只皮球，一摔倒就能立即爬起来……啊，索瓦尔什夫人也来了，她站在克劳斯的店铺门口。她穿着皮大衣，浓妆艳抹，手里还拿着好几包东西，哎，哎，乌尔芬先生，就是那个结了三次婚的诗人，在吻索瓦尔什夫人的手。她笑得那么高兴！等一等，比宁鲍威尔先生，那位公证人在对面街上出现了。他走进纳伊多夫公司去了。大概是老家伙要写遗嘱。我敢打赌，他准是把一切都留给佐林根的妓院。他那个年轻的胖太太就是从那里弄来的……瞧，这是谁呀……"

鲍威尔的"报告"有时被清脆的门铃声打断，这就表明公司里来人了，铃声一响，档案管理员鲍威尔和他的邻座都埋头于文件堆里。屋子里又听见茶壶的呼呼声和小猫的呼噜声。

这种无聊的生活消磨了弗里德的时间，他心里非常沮丧。公司里的每本账册，每宗业务，几十年如一日，都是为了同样的目的。从绿色本子开始，然后去搞蓝色的、红色的、黄色的本子，收信件，搞价格波动资料，计算货价，草签合同，加算利息等，这程序又是重要的，机械的，必须认认真真对待。这方面，古特迈耶尔表现出色，而弗里德对这种可怕的"重复"则感到苦恼，他即使下班走在街上，也深感不安。当学生时，可以自由自在地在任何一条街上漫步，可以大声地吹口哨或者用皮鞋踢洋铁罐。他做个调皮鬼、淘气包，谁也不会认真对待。现在，他的地位完全变了，自己已是个职员，人们非常注意自己的风度和举止，现在，他每天走的路线是固定的，每次都经过同样的路口，走过同样的人行道。人们自然联想到，恩格斯工厂主的事业后继有人了。

每天早晨和每天傍晚，他在这条路线上总要碰到一些人，必须对他们微笑，亲切地道"早安"、说"晚安"，早晨，头一个见面的是蓄着一撮山羊胡子的密勒尔博士，第二个是极懦弱的施特劳斯顾问，第三个是夸夸其谈的银行襄理利赫特尔，第四个是长着一个硕大鼻子的商人彼芦尔松，以后依次是桑得尔牧师，击剑教师莫泽尔，保险公司老板奎恩，家庭教师弗里德曼诺夫，最后是那位警察，他总是站在公司门口，秘密地报告说："平安无事，恩格斯先生！"到了晚上，次序正好颠倒过来。就这样，每天都毫无变化，一切单调而枯燥的人事交替，使这个不到18岁的弗里德非常压抑，常常是咬紧牙关去应酬这么一天。

弗里德一坐进办公室，就估计到会听到什么看到什么。

“昨天‘狼’去拜访了索尔波尔恩。”鲍威尔说。

“今天大概会到我们这里来了。”古特迈耶尔回答。

“狼”果真于上午九时整来到了，“狼”指的是爸爸。最近公司里生产的一批棉纱很不满意，爸爸手里抱着那只小猫，和颜悦色地问猫：“弗里特，公司的情况怎么样？”

年老的鲍威尔就代替弗里特回答：“公司的情况早就不如以前那么好了……”

古特迈耶尔则加以补充：“我们在这样一个享有声望的大公司里工作，又有老板的得力领导，真是极大的幸福。”

弗里德听得很不舒服，他真恨死了爸爸手里的那只猫，这个该死的躺在老板手心里的弗里特。

接着，老板生硬地作了一些必要的指示，然后就扬长而去，说是要到特拉乌帕工厂去，跟“这个强盗”算账。

大家都站起身，送老板出了门。然后，鲍威尔又回到窗户口，继续开始他的“新闻报道”。

弗里德不得不参与这种单调而乏味的演出，装着似乎满不在乎的样子扮演“小老板”的角色，内心却厌恶得简直不能忍受。有时他从座位上跳起来，以惊恐的目光望着两个同事，带着厌恶的失望的神情大声地问道：“先生们，你们感觉怎样？难道在这间屋子里不感到憋气吗？”两位同事会惊讶地望着他，真心实意回答：“不过这里的空气还是很新鲜，呼吸还自由，恩格斯先生！”

弗里德只好疲倦地摆了摆手，跟这些狡猾而又无耻的人有什么好说的呢！

学校的教室与公司的办公室这两个地方可是截然不同的啊！如果说在学校的教室里，思想感情可以表现得非常公开坦率，那么公司办公室里一切都得小心谨慎。如果说教室里每一次争论实际上是一场战斗，是知识和性格的蓬勃迸发，那么办公室里则是温存的、谦恭的细语交谈和相互逢迎。在教室里即是谈论交易、买卖，旗帜飘扬在无形的壁垒把人们分隔开来，发出来的是狂暴的愤怒和巧妙的智慧。而在公司的办公室里，人们心平气和地谈论文学和艺术，从不提高嗓门，从不说出一些冒犯别人或激愤的话语，在这摆满柜子和桌子，桌上又堆满着厚厚的账册和文件的屋子里，通常是不公开表达自己的感情，畅叙自己的思想和理想的。在这四堵灰墙之内，占统治地位的是计算——准确地、巧妙地进行商业计算，这计算会带来金钱……至于在什么地方出版什么书，进行了激烈的争吵，敲响了战鼓，掉了脑袋，只要公司的业务进行顺当，所有这一切都不会使公司感到不安。只要公司的账册上报告说货物已销售出去，还需要更大的数量，那么对其余一切都是无动于衷的，任凭什么地方大炮轰鸣，风暴袭击，重要的是公司的办公室里暖和而安静，古特迈耶尔的笔在沙沙作响，弗里特小猫在呼呼打鼾，人们在争购"欧门—恩格斯公司"的棉纱……弗里德对公司这种利己主义，感到惊讶和痛惜。

他从学校的教室来到公司的办公室，四个月来，他实在是很不适应这种生活了。在这里不能再进行有趣的交谈，不能再畅叙自己的思想。

于是，弗里德身边的一切感情的斗争开始了。

"老板的儿子工作很马虎，收到的信件至今还没有登……"古特迈耶尔对鲍威尔说。

"老板的儿子工作很不认真，该发的信件至今还没有发出……"鲍威尔附和着说。

于是，两人异口同声地向老板汇报："恩格斯先生，您儿子工作很勤勉，只是有时候爱注意别的事情。"

工厂主开始翻寻弗里德的抽屉，一张张厚厚的账簿纸上画着几幅漫画和一些抄录诗歌的笔记本。

弗里德的无名火在胸中燃烧起来了，他从暗中斗争转入了对公司所有看不顺眼和那些同事们的所作所为进行斗争。

他在公文纸和业务簿上画一个胖胖的老妖怪，古特迈耶尔和鲍威尔跪在地上扶着。他还写些短文、墓前诗讽刺公司和同事，说他们是"讨厌鬼""恶魔"。

爸爸心神不安地把儿子叫来办公室：

"怎么回事，弗里德？有什么事使你不高兴？使你烦恼？使你这样反感？……"

"爸爸，你知道我不愿当个商人。我所喜欢的是其他事业，更加高尚的更加美好的事业……"弗里德又只好开门见山地对父亲说，"或许我的弟弟当中有人生来就是当商人的，爸爸！我的命运可不是这种。我希望从事创造性活动，希望给人们带来新的思想，新的理想……"

父子俩谈话时间很长，但没有结果，不欢而散。

哭笑不得的“换算表”

爸爸从弗里德的办公桌里翻出了一张“换算表”，不是商业计算方面的换算表，却是一张讽刺味极浓的人生理性的“换算表”。

那是个晴朗的夏日，弗里德坐在自己房间里敞开的窗前，正兴致勃勃地读一本漂亮的皮面精装古书，这本书的书名是《德语词典资料汇编》，一个枯燥的书名，初看起来是乏味的，作者是哥特利勃·威·拉皮涅尔，名字也不使他有任何兴趣，但是，看了头几十页之后，弗里德觉得这是一本很有特色、很有价值的书，是18世纪上半叶的一本讽刺文集，同当时的巨著比起来毫不逊色。

读着读着，弗里德入迷了。

爬满常青藤的窗外传来一阵阵欢快的人声和鸟语,孩子们在院子里玩耍，鸽子、五颜六色的风筝在天空中飞翔，远处，蜿蜒的乌培河和绿树成荫的山岗上传来一阵猎人的号角，妹妹玛丽亚几次跑进屋来，想要哥哥带她到外面玩，欣赏晴朗夏日的欢快，弗里德一次次摇着手，使心爱的妹妹失望。

他手里的这本书已放不下了。他在这本书里发现了大胆和敏锐的智慧，对德国的宗教僧侣和庸夫俗子，进行了辛辣而中肯的讽刺。其中，有一处使他特别喜欢，他反复看了好几遍：

“我不是为迂腐的学究们写的，而是为芸芸众生而写的，在那里财富正在替代理性。”

“没有理性的人无非是个穷人。他可能成为一个诚实的，有教养的、有智慧的人。总之，他可能成为城市中最优秀的和最有用的人，但是所有这一切都是毫无意义的，因为他缺乏理性，因为他缺少金钱……”

“例如，我可以根据现时的行情列出我国同胞们的理性的换算表：一千塔勒——没有丧失理智；六千塔勒——具有足够的理智；一万二千塔勒——具有精巧的智慧；三万塔勒——具有极大的智慧；五万塔勒——具有洞察人微的智慧；十万塔勒——具有英国人的智慧；以此类推，每增加一千塔勒，则智慧越多。”

弗里德把摊开着的书放在膝盖上，沉思地凝视着窗外。这些可笑而又可怕的话是在什么时候写的呢？整整一百年以前，这位细心而又无情的讽刺作家是谁呢？是萨克森地区税务机关的一个小官吏。弗里德抬头望了望天空，耀眼的光芒使他眯起了眼睛，太阳光确实使人眼花缭乱，难道这一切还可能毫无改变地重复吗？看来这些话似乎不像一百年以前说的，仿佛是昨天甚至是今天说的，是在喝一杯葡萄酒以后在欢乐的同伴们中间说的。又仿佛这位拉皮涅尔先生不是住在萨克森，而是住在乌培河谷，在乌培河谷的一家阴森森的公司里。弗里德把书往桌上一扔,开始以急速的步伐在屋子里来回走动。太阳火盆似的烧炙着。就是在阴凉处也令人感到憋闷，喘不过气来……

智慧取决于财富，智慧就是塔勒，智慧有赖于钱袋……

天啊，1737 年萨克森人的看法同 1837 年乌培河谷人的看法何等惊人地相似啊！弗里德坐卧不安。

两天前，他就听到爸爸对妈妈说：

“一切都在于钱，亲爱的爱莉莎！钱可以使人陷于罪恶，也可以使灵魂得到拯救。”

这就是说，人们早就相信这句蠢话了，他又拿起书来，重新看了一遍上面的那段话:“一千塔勒——没有丧失理智；六千塔勒——具有足够的理智……”

假定这话是对的，那么乌培河谷的居民有百分之八十根本就没有理智，而且不仅是乌培河谷，整个德国也是这样，所有的工人、小官吏、教师、诗人、音乐家、手工业者都没有理智。就是牧师还不如此？……啊！多么难以忍受的闷热啊!

过几天，弗里德参加爸爸同公司合伙人欧门兄弟进行的一场重大业务谈判。

公司必须把一吨半废棉纱销售出去，爸爸建议重新加工，而英国人欧门主张供给军方，以收取可观的佣金。

“不过，你得考虑一下公司的牌子啊，欧门先生！”

“亲爱的恩格斯，而您也得考虑一下工厂可能赚的钱啊！”

谈判一直继续着，德国人不喜欢做肮脏的交易，而英国人则不愿意蚀本。

“先生，只有笨蛋才会买这样糟糕的棉纱。”老恩格斯最后说。

“不是所有笨蛋都会笨到跟自己去作对，亲爱的！”欧门笑了笑回答，“只要给柏林国王的军需长官写封信，您就会相信这一点……”

“那信里写些什么呢？”老恩格斯问道。

“只要说这么一句：‘欧门——恩格斯公司’通过柏林国家银行给您的名下汇去所得款项的百分之二十，以表示对阁下的谢意，这就行了。”

“这不是行贿吗？”老恩格斯困惑地说。

英国人摊了摊两手，说道：

“说得太过分了，我的同行。我认为这只不过是一点‘薄礼’罢了。”

弗里德厌恶地听着欧门的这种曲意奉承的话语。这位先生的打算太不知廉耻了。这时，弗里德想起了拉皮涅尔的“换算表”。这头曼彻斯特的驴子到底算作哪一类呢？弗里德插入了谈话。

“对不起，先生！”弗里德很客气地说，“您是不是认为金钱是人生中最主要的东西呢？”

“当然啰，我的年轻的朋友，没有金钱，连在教堂里也会无事可做……”

“那您是不是认为，人类智慧的力量取决于金钱的多少呢？”弗里德又提出了一个问题。

英国人摸不透问题的用意何在，自信地回答说：

“在很大程度上，比某些人想的还要大，金钱支配着理智，因此，我把它看作是物化了智慧，谁钱越多，谁就越能受到社会上的尊敬，这不是偶然的，金钱在来到口袋之前，首先要在头脑里酝酿成熟……”

弗里德狡猾地微笑一下：

“那么请问，您在银行里存着多少塔勒呢？”

欧门先生沉思了片刻。

“你提的问题有点不大知分寸吧？年轻人，不过我们都是自己人，我可以告诉你……七万五千塔勒！”

弗里德凝视了欧门一眼，说：

“很遗憾，您还不具备英国人的智慧！”

“什么？”英国人顿时面红耳赤起来，“你这是什么意思，亲爱的？”

弗雷德沉着地继续说：

“还差整整二万五千塔勒！”

欧门先生像被烫了一下跳将起来。老恩格斯用严厉的目光看了一眼儿子。弗里德微微低下了头，一本正经地说："爸爸，我劝您不要在欧门先生建议的信上签名……"

到了晚上，爸爸把弗里德的那本书没收了，弗里德噙着泪水对爸爸挑衅性地说：

"不过你已晚了，爸爸，萨克森人的思想已经铭印在我的脑海里了！"

第一个文友

雪在纷纷扬扬地下着，坐在办公室窗前的鲍威尔继续报道着窗外的“新闻”。

一位宽阔和蔼脸庞的人，蓄着荷兰小胡子，胡须上也挂上了雪花，他走进办事处先同鲍威尔谈了一阵。他是隔壁公司的职员，前来打听一件小公务。

宽脸庞人又用他柔和的嗓音同一旁的古特迈耶尔攀谈起来，古特迈耶尔只好停下挤鼻子上小脓疱的“业务”。

最后，来客才向弗里德这位新的同行伸出手来打招呼：

“认识你很高兴，我是斐迪南·弗莱里格拉特。”他同弗里德亲切握手说。

公司里的人谁也没有料到，这一握手竟是深厚的真挚的友谊的开端，载入了德国政治斗争的史册。这对未来的朋友交谈时，鲍威尔两眼望着窗外，古特迈耶尔则继续挤着鼻子上的小脓疤。连弗里特小猫也在打盹，不愿睁一下灰眼睛来瞅一瞅他们的会见。

弗里德在爸爸的办事处当办事员毫无欢乐可言，自从他与斐迪南相识后，清淡的生活中就像放进了一把盐。弗里德觉得斐迪南才智出众，连他讲话的柔和的嗓音也招人喜欢。

斐迪南足比弗里德大十岁，28岁与18岁之差，可他们的思想感情有相似之处，性格活泼顽强，都在寻求高尚与美好。斐迪南也在商行办事处工作，也讨厌强加于他的这个职业，也乐于写诗。斐迪南在文艺界已有一定的声望，已出版了几部诗集，还在大型的《莱茵年鉴》上发表过诗作，更让弗里德感兴趣的是斐迪南善于独立地分析文艺问题和政治问题。

弗里德从尊敬这位文坛老师开始，逐渐加深了对方的印象，他们的共同语言多起来，很快成了“知音”。弗里德把斐迪南请到了自己的住处，兴致勃勃地读着他的诗作，并大胆向他提出诗作的优点和缺点。弗里德直言不讳地指出：“读你的诗作真是一种美的享受。只是多了些异国情调的浪漫主义，满篇都是非洲的景色呀，贝都英人和狮子呀……”

两人一见如故。第二天，斐迪南同弗里德一块上下班，夜里他们俩又共同度过难以忘怀的冬夜。

两人在铺满了一层薄雪的静悄悄的巴门街头漫步，交谈。

斐迪南对乌培河谷的社会现实所持激烈态度，使弗里德深有同感，弗里德对公司和官员生活所持的激烈态度，也使斐迪南深有同感；斐迪南很钦佩弗里德的文学知识，弗里德也很钦佩斐迪南的文学创作。

斐迪南津津有味地谈论着同海涅和白尼尔的会见，朗诵着雨果的诗作，批评僮克的作品，谴责普鲁士书报检查机关的卑鄙勾当，弗里德则谈论着对莱茵文学界未来的理想，在他看来，莱茵文学界应当领导德国精神界，沿着新的、尚未开拓的美学和市民道路前进。

夜里，当巴门钟楼上的大钟敲了十二响，这两位谈兴正浓的朋友才依依握手告别。

第二天，斐迪南对妻子说：“亲爱的伊达，我从来没有碰到过这样一个聪明而诚恳的年轻人！”弗里德也高兴地告诉妈妈：“我在乌培河谷终于找到了一个值得尊敬的富有才华的人！”

短短的时间里，诗人斐迪南和青年恩格斯的友谊成了真正的同志情谊，这友谊使弗里德进入了斐迪南的文友圈子，斐迪南也加入了弗里德朋友们的行列。从此，弗里德结识了像教师亨利·科斯特尔、出版者朗盖维什、政论家皮特曼和同行涅伊布尔格、施特吕克尔这样一些精力充沛、富有才智的人，而斐迪南结识了格雷培兄弟、符尔姆、普吕马赫尔和弗尔德曼。几个月来，两个朋友几乎每天晚上都要见面。他们有时在斐迪南家里聚会，好客的斐迪南夫人伊达总要请他们喝传统的椴树花茶和越橘果酱，有时就在《巴门导报》编辑部会面，皮特曼会激动地给他们念自己的诗篇，有时在朗盖维什的书屋里，在那里涅伊布尔格和施特吕克尔向他们叙述现代戏剧的见解。弗里德非常喜欢这种亲切的秘密会见，每个人可以怎么想就怎么想，怎么说就怎么说，可以听到真正的开怀抒情，可以听到切骨尖锐的政治见解。这些聚会有时变成小型的艺术庆祝会，主要角色就是伊达、弗里德、朗盖维什和施特吕克尔。斐迪南的夫人伊达有一副动听的歌喉，弗里德为她伴奏时更为她和整个晚会增色不少。

他们的友谊日渐形成了乌培河谷文学活动的巨大力量，使弗里德同公司其他生活单调的职员工作、生活隔绝开来，精神上保持自由和独立。

办事处的鲍威尔和古特迈耶尔，都像猎犬一样竖起了耳朵，鲍威尔的“新闻”报告了老恩格斯。

“嘿，老板的儿子活动得厉害，总想把公司牵着鼻子走哩！”

“小老板同别的公司有危险联系，他同诗人联系，诗外有诗……”

老恩格斯气势汹汹地叼着烟斗，故意把手杖在地板上磕得响亮，找来儿子询问，蓄意要他与诗人断绝来往。

爸爸是爱诗的。弗里德把他在《巴门导报》上刚刚发表的诗作《贝都英人》拿给他看。“弗里德里希·恩格斯”的铅印作者名让爸爸换了张笑脸；诗人斐迪南发表的《狮子的故事》中的两句也像弗里德说的话，看得出，两首诗歌是同一首诗的“眼睛”。

老恩格斯却情不自禁地读起了诗来：

沙土和风儿
在炎热里
棕榈树渴望着水
正如诗人啊
怀念着祖国的土地

看着这一对老少恩格斯，古特迈耶尔和鲍威尔只好伏在桌上低着脑袋，默默做他们的“业务”。

“小老板”首次登场亮相

“今天晚上，阿姆斯特丹来的商人雅科布·齐格利斯特在市政厅举行招待会。你将代表本公司前往参加。一定要穿黑色燕尾服！”鲍威尔代表公司告诉弗里德。

弗里德对这突如其来的任务很惊讶，抬起头来问：“对我有什么特别的要求吗？”

“要有礼貌，给人留下好的印象，特别是给齐格利斯特先生，因为我们要跟他签订合同……”对方严厉地回答说。

弗里德略带讽刺意味地笑了笑，他知道，今天晚上，他要在上流社会的招待会上经受公司全面的审查和考验了。也许是爸爸的安排，也许是欧门老板的用心，不用说，这是一件很有意思的事情。

“谢谢，我尽力去做！”弗里德漫不经心地说。

午饭以后，弗里德就没有上班，在抓紧准备参加招待会。他洗了澡，细心地梳理了头发，修剪了指甲，妈妈帮他穿好了新衣服。这套胸衣和燕尾服是几个月以前按照英国最时髦的式样在曼彻斯特定做来的，妈妈在他的前身看看，后身看看，侧身看看，手不时在衣襟上拉拉，尽量不使熨得笔挺的胸衣和燕尾服弄皱。

这位年轻的小老板对着镜子仔细地端详了一番，然后戴上白手套，腋下夹着一支手杖，到饭厅里去见爸爸。

工厂主又很细心地从头到脚看了儿子一遍，当弗里德在妈妈和妹妹的陪同下走下楼梯时，工厂主心里在想：这是恩格斯家庭中最漂亮的人了，“绿色贵族”后继有人。

爸爸高兴得直搓手，忍不住对夫人说：“应当承认，夫人，你生了个确实很漂亮的孩子啊！”

弗里德也对爸爸妈妈骄矜一笑。爸爸上前挽着儿子一只胳膊，领他走到一张椅子旁边，郑重其事地面对着孩子坐下来。

“是啊，亲爱的弗里德！”爸爸和蔼地对他说，“今天你独立地走进了上流社会。可以说，这是第一次战斗的洗礼。希望你今天参加招待会，使得我的缺席不致那么显眼。你的举止要使大家认为你是真正的恩格斯，真正的老板；要记住，你今天已经有了某种东西，而明天将拥有一切，即使有位年轻的女郎用扇子遮着脸在偷偷地同你微笑或者请你吃巧克力蛋糕时，不要忘记，说话不要太多，也不要说得不在理，要让大家都感觉到你是老板，你的口袋里不光有手绢，而且还有沉甸甸的一串钥匙。我想，你的仪表一定会给人深刻印象，但重要的是不要手足无措和不断地打量自个儿。我希望明天早晨听到人们对我的儿子，对我的继承人的好评……”

弗里德会意地欠了欠身子，对爸爸的训导嘟哝一句之后就出门去了，妈妈把他搂住，吻了一下儿子的脸颊，亲切地说：“祝您成功，弗里德！”

儿子一跨出大门，工厂主就疲惫地倒在沙发上，小声地嘀咕：“一路顺风，我的同行！”

弗里德走进市政厅大客厅时，没有人预先通报他的光临，这里的客人已聚满了大厅，他们分成一小堆一小堆地站在桌子旁和大理石廊柱边，叽叽咕咕地小声交谈着。弗里德向在场的客人们微微欠身，迈步走向大厅的中央，他见晚会的组织者齐格利斯特正在那里。

齐格利斯特以荷兰人特有的泰然自若，站在夫人和女儿的中间，望着走过来的年轻商人。从他眼里分明表露出很欣赏这年轻人的端庄、优雅的仪表。

弗里德在离主人两步远的地方停了下来，再一次欠了欠身子，用地道的荷兰语说：

“很荣幸代表‘欧门—恩格斯’纺织公司，并以个人的名义，公司老板和我的父亲的名义向您致意。请允许我作自我介绍，我是小弗里德里希·恩格斯。”

齐格利斯特等一家人都看着这位年轻的老板，惊讶得睁圆了眼睛，主人两旁的女眷不约而同地发出了“啊，啊”的赞叹声，这时，齐格利斯特先生立即向弗里德伸出了两只手说：

“您说荷兰语说得太好了！请允许我握您的手……”

弗里德向这位荷兰商人问候致意，并吻了一下他夫人的手，矜持地向他的女儿鞠了一躬。

“您使我想起了巴黎，先生。想起了‘王宫’和凡尔赛年轻贵族的宴会……”齐格利斯特夫人被弗里德的风度折服，和蔼地说。

“夫人，像你们这两位漂亮的女人，使我不得不变成法国人……”弗里德用法语回答，目光留在女主人和她女儿身上。

齐格利斯特和女主人爽朗地大笑，齐格利斯特小姐却羞红了脸。

“先生，我很高兴，我的女儿将同你们这样可爱的人在一起欢度这夜晚。”荷兰商人又笑着说。

“感谢您的信赖，尊敬的先生。希望小姐不会感到寂寞和遗憾。”弗里德又用荷兰语说道。

弗里德向齐格利斯特小姐伸出了手，一起风度翩然地穿过灯烛辉煌的大厅……

弗里德在上流社会沙龙的露面，一位乌培河谷大老板的后裔登台亮相，最先引起了参加会议的乌培河谷人士的轰动。于是，整个大厅在议论、躁动，各圆桌银烛台上的烛光不时来回晃动，几十双光洁的手拿起了长柄眼镜在窥望，女士们发出惊讶的感叹，男人们对发生的一切毫不掩饰地表示疑惑、嫉妒……

“没有爸爸、妈妈来，一个人来赴宴会，这就是说，他已经完全独立了！”女人们嘟哝。

“瞧，老鬼把儿子放出来了，又一个恩格斯开始参加战斗了……”男人们挖苦说。

弗里德这个小恩格斯的名字成了晚宴上的主要佳肴。

“应当承认，他看上去完美无缺……”

“父亲没有让他受充分的教育，而促使他来同我们斗争……”

“据说他懂二十五种外语……”

“您想，他现在在作诗，可计算起来就跟毕达哥拉斯一样……”

“不过，这孩子跟弗莱里格拉特和施特吕克尔很要好……”

“真是个骑士，风度翩翩……”

“太漂亮了，因此就不聪明……”

“我们用不着担心，我们不是也有儿子……”

“牧师们认为，他不会使父亲感到高兴的……”

“看来他打算把齐格利斯特小姐弄得晕头转向……”

“老恩格斯好久没有给予这样的打击了……”

人们唠叨着没完，当齐格利斯特小姐倚身在弗里德的胳膊上时，大厅里响起了一阵轰隆声。

“您觉得这里怎么样，小姐！”弗里德神态自若地微笑，非常客气地问道。

“非常好。这里的人们很爱议论是非，也很会以此取乐……”齐格利斯特小姐用目光环顾大厅，高兴地回答。

弗里德大笑起来，搂着小姐在席间跳起交谊舞，从一个席旁转到另一个席旁。

这里无非是这位荷兰商人的一种业务性会见，席间只摆上几杯香槟酒。与别的宴会不同，既没有一桶桶的啤酒，也没有糖果和蛋糕，更没有维多利亚戏和抽彩游戏。招待会上充满严肃的气氛。

弗里德停止了跳舞，他在年轻美貌的齐格利斯特小姐的陪同下，从这堆人群走到那堆人群，准备随便地同他们谈论乌培河谷生活中的任何主题。

“我们已经把你看透了，尽管你自己在竭力装模作样。”商人们似乎在说。他们企图使弗里德陷于绝境，竭力把他引到商业性的谈话上来，试图从他嘴里探听到“恩格斯公司”的某项业务机密。

弗里德已不是小孩子了，轻而易举把对方的进攻一一击退，用开玩笑甚至嘲笑来回答他们。

“瞧您，莫凯尔先生，您对我们交易潜力的兴趣，表现得很不是地方啊！难道在隆重的招待会上可以讨论这样的问题吗？”他的回答，使体面的商业家们脸红到了脖子根，因周围的其他人，像一些没有教养的孩子似的笑话他们。

有个老色鬼纳伊多尔夫，他开玩笑地警告齐格利斯特小姐说：“你不要用‘欧门—恩格斯公司’的织物缝制衣服，否则看上去会像个‘灰姑娘’。”

纳伊多尔夫的话音刚落，弗里德的男高音响起来：“先生，难道您夫人不是用我们公司的织物缝制衣服的吗？”

大厅里像决堤般地发出一声轰隆，纳伊多尔夫无地自容。

年轻的齐格利斯特小姐被弗里德的机智所倾倒，不由得拍起手来。而纳伊多尔夫夫人则用手掌打了一下矮个子丈夫的秃脑袋，有些懊丧地说：“亲爱的巴威尔，你不是答应过今天晚上不说俏皮话吗！”

弗里德带着迷人的女伴走遍大厅，并把她介绍给了乌培河谷所有很体面的人们。

“您真是个非凡机智的人，先生！能使任何一个人都感到开心……”齐格利斯特小姐以钦佩的目光望着这可爱的男伴说。

弗里德尊敬地欠了一下身子，回答：“是因为我很像母亲，小姐。”

“不过您有时说得很含蓄，甚至带点儿挖苦味。”荷兰姑娘又接着说。

弗里德摊了一下双手，似乎是为自己辩解：“有什么办法呢，亲爱的小姐！每个人除了有母亲之外，还有父亲啊！”

地下乐池里的乐队奏起了古老的莱茵华尔兹，弗里德又请荷兰小姐跳了一轮舞。弗里德跳得很轻松、很自在，仿佛已经在报告会和舞会上度过了一辈子似的。女士们用羡慕的目光瞧着齐格利斯特小姐，而无精打采的男人们则不好意思地催促自己笨头笨脑、满头大汗的儿子，用目光示意他们去仿效弗里德的样子。

弗里德长得很漂亮，身材匀称，举止大方，任何一个试图跟他竞争的人都会遭到失败。正因为这样，这些自惭形秽的年轻子弟不大愿意跟小姐跳舞，即使去跳舞，他们跳舞之前又忘记了吻一下小姐的手，有时甚至因惊慌失措而黯然失笑，齐格利斯特先生都一一看在眼里，悄悄地对妻子说：

“夫人，这位年轻人给我们的晚会带来了并不使客人乐意的色彩……”

“雅科布，这位年轻人是真正的宝贝，你应当与他找到共同语言！”夫人盯着弗里德意味深长地说。

“你是指什么而言？夫人。”

夫人听男人还惊讶地问她，狡狯地看了一眼，立即回答说：“几乎从所有方面而言，亲爱的！从我们的地位，我们的迷人的女儿……”

过了一会儿，齐格利斯特挽着弗里德的胳膊，来到了大厅的一个角落，他请弗里德喝一杯香槟酒，又打趣地问：

“年轻人，您是否去过我们阿姆斯特丹？”

“去过一次，先生！”弗里德回答，“是跟爸爸一起去的。”

“那你觉得阿姆斯特丹那个古老而快活的地方怎么样？我的孩子。”

“啊！”弗里德满意地耸了耸肩膀说，“你们住在那里，简直太幸福了！”

“那您是不是愿意在那里，甚至在一幢令人尊敬的屋子里，住一段时间呢？我亲爱的。”

“怎么说好呢？齐格利斯特先生。”弗里德说得不好意思地低下了头，“儿子总是住在父亲希望他住的地方。”

“好啊，那我去跟您父亲谈一谈。”

“不过，您完全不理解我的意思。”弗里德神色惊异地说道，“一个不相识的人就像海上神秘莫测的风一样……”

“您放心吧，亲爱的。这是我妻子的主意。她看人是很有眼力的。”

弗里德已经猜出了齐格利斯特夫人的打算，并觉得这是一场不宜再演下去的喜剧，也不宜扮演这个洋洋得意的花花公子的角色了。

“感谢您的邀请，先生。”弗里德说，“不过我不能享受这个机会，因为我的计划和我父亲的打算有点出入。我很快想到柏林去，继续我的学业。虽然经商是件光荣和恰当的事业，但是我更喜欢文学和哲学，我希望能毕生致力于这两门学科。”

荷兰商人没有料到谈话会如此急转直下，因此，还竭力想来说服青年人。

“年轻人总是迷恋于时髦，亲爱的。不过青春总是来去匆匆，只有生活才是永存的，应当合理地度过它。从这个意义上说，经商是最有潜力的……”

“完全正确，齐格利斯特先生，我爸爸也是这样说的，不过这一点我不想听我爸爸的，我不会放弃我的打算。我喜欢弗莱里格特的笔，而不喜欢巴门的所有公司职员。”弗里德的话使荷兰人很惊讶。

“您说喜欢弗莱里格特的笔？”

“弗莱里格是个诗人，齐格利斯特先生。”弗里德说得有点激动。

谈话持续了很久，弗里德明白必须立即结束，否则一定会给主人带来不快。他利用间歇的机会，拿起了没有喝完的酒杯，说：“为了您的健康干杯，先生！为了您的公司的繁荣和您的女儿的幸福未来干杯！我一定好好考虑您向我提出的忠告。”

他俩愉快地干了杯，奇妙的酒结束了这场不愉快的谈话。

他们这场谈话引起了所有客人的注意。胳膊肘和眼睛告诉人们：“请注意，请注意！在大厅的这个角落里正在发生一件事，显然，正在谈判。那里……正在达成一笔交易……”

第二天，巴门街头在议论着老恩格斯的继承人，又一位了不起的“绿色贵族”。

这天中午时分，恩格斯公司的人大为吃惊！齐格利斯特先生在夫人和女儿的陪同下，神气活现地走过“欧门—恩格斯”公司的大门，走进了相邻的纳伊多尔公司……过了一个多钟头他们又神气活现地出来，手里扬着一份巨额买卖的合同，在恩格斯公司人面前扬长而去。

这简直是莫名其妙！全街商号都目瞪口呆。老恩格斯匆匆地来到公司里，不脱大衣，不脱礼帽，就向儿子问个明白："是怎么回事，弗里德？"

"我想，我的行为是无可指责的！"弗里德放下文件，惊异而又自信地耸了耸肩说。

"不过荷兰人反正感到有点不满意……"父亲纳闷地摊了摊双手。

"或许是的。"弗里德含糊其词。

"说得更明确些，弗里德。"

"爸爸，我怎么向你解释呢。"弗里德低着头说，"昨天，齐格利斯特先生建议我搬到阿姆斯特丹去，在他的公司干事，并且毫不含糊地提示我，他的女儿还没有人向她求婚。我觉得这个建议对我来说是不适合的，对您来说是不利的，因此我拒绝了。或许原因就在于此吧……"

老恩格斯慢腾腾在椅子上坐下，在场的古特迈耶尔和鲍威尔都听呆了。

"我想，爸爸，对此您也会持同样的意思的！"弗里德又说。

老恩格斯点了点头，嗓音嘶哑地说："是的，弗里德，这一回，也是头一回，我完全同意你的意思……"

小恩格斯成了乌培河谷的新闻人物。父母经常听到外人对儿子恭维赞扬的话。起初，老恩格斯对儿子的轰动一时的成就有点不大相信，吩咐鲍威尔和古特迈耶尔在两旁密切注视他，随着时间的推移，他确实相信了。父亲觉得名利和虚荣比他的手杖会更有力得多，这样会驱使他最终走上从商的道路，会为闪闪发光的金子去搏斗。老恩格斯闭上眼睛，想入非非，想到了得意的继承人，想到了公司飞黄腾达的前景，想到了儿子会因此加入莱茵公爵和普鲁士伯爵的行列。

老恩格斯从此常对妻子说："假如我们的孙子也叫弗里德里希，假如弗里德里希·恩格斯的名字能够载入史册，那多好啊！"

走访贫民窟

弗里德以“小老板”的身份开始与上流社会人士接触，接触得越多，越觉得那张人生理智“换算表”的沉重，“智慧”和“金钱”的等号像巫婆手里的一对魔杖，其中渗透着似是而非的难解的谜。他脑海不时想起拉皮涅尔写在“换算表”前的那段话：

“没有理性的人无非是个穷人。他可能成为一个诚实的、有教养的、有智慧的人。总之，他可能成为城市中最优秀的和最有用的人，但是所有这一切都是毫无意义的，因为他缺乏理性，因为他缺乏金钱……”

乌培河谷的贫民窟劳亨塔尔街头，不时出现一位身材魁梧、穿着讲究的年轻老板。起初，乌培河谷的穷人不相信自己的眼睛。

“这人，不一定是老板，有可能是偷了老板衣装的疯子。”

“他神志很清醒。”

贫民窟一阵骚动。在每一个院落里，在每一个纸糊的窗户口，一双双惊讶和不信任的眼睛都盯着他，这位漂亮的年轻人的身上藏有一种异样的东西。

“一个最大富翁的继承人，恩格斯的‘绿色贵族’，竟然会来认真关心穷人的生活，为我们的苦难而长吁短叹……”

他又一次来到了劳亨塔尔街头。不一会，他周围聚集起一大群人，衣衫褴褛、骨瘦如柴的人一个接一个地向他脱下破帽子，毕恭毕敬，默默无言，跟随着他。

他困惑地环顾四周，看到一种难以置信的情与景，有的脸上饱经忧患，有的眼睛凹陷，有的关节肿痛，有的弓腰屈背……

弗里德，这位标致的男子汉，他恭敬地脱下礼帽，生平第一次觉得自己不应该长得这么高大，第一次为自己穿着精致的服装而深感内疚，似乎要设法尽量地遮掩和消除衣服上的时髦的线条。他觉得，难道现实生活中真有这样一些虚弱不堪、脸色忧伤的儿童，竟有这么多残废的老人，还有脸色苍白、牙齿脱落、胸部塌陷的姑娘；难道在乌培河谷这个“笃信宗教的神甫”和“天堂上的善人”的庇护所里，竟会有这样可怕的情景，使人看到以后会因自己的幸运而脸红，而低下头来？

弗里德刷地两颊发烫，额头冒汗，双手机械地在口袋里寻找钱币，以便给予这些自发跟随自己在“游行”的人们。他不知对这些不幸的人说些什么，用什么来安慰他们，向他们诉说什么。

“年轻的老板，您怎么到这里来啊？”一个独眼的瘦弱不堪的老头，手扶一根拐棍，严厉地问他。

“我叫弗里德里希……是恩格斯老板的大儿子，老爷爷……怎么对您说呢……我到你们这儿来，没有什么特别的事……心里想来罢了……”他对这老人突如其来的发问一时不知怎么回答。

老人惊异地抬起头来，忙问道：“我没有听错吧，先生？您是老恩格斯的儿子。这就是说您是小约翰·卡斯帕尔的孙子，他可曾是我们的老板啊！是吗？”

弗里德沉重地点了点头。这竟是一双从自己爷爷身边向自己伸过来的，一双哆嗦的纺织工人的手啊！……

这位叫维吉尔的独眼老头领着弗里德，开始有序地在劳亨塔尔等地穿门走户……

这一次访贫问苦持续了很长时间，弗里德回家时天色已晚。他疲惫不堪，神情忧郁，穿着一身弄脏了的衣服。妈妈问他上哪儿去了，他难过地摆了摆手，小声回答说：“妈妈，我自己也不知道。您要是问我的躯体，它会告诉你到劳亨塔尔去了。要是问我的灵魂，那它会回答你到地狱里去了。”

以后，弗里德经常去访问这“肮脏的街道”，人们也都熟悉了他。他白天晚上随时到那里去研究他们心里复杂的迷宫。每次访问之后，弗里德觉得又接近真实一步，觉得这个社会组织得很不合理，那些上流社会的人完全是骑在这些贫苦人的肩膀上。工人们“吸进的煤烟比氧气还多”，黑色的机器怪物生产的苦难和绝望要比棉纱和织物还多。

他去正在自家工厂做工的织工家里访问，他去酒店，他看到那些搬运夫在酗酒，他来到手工业作坊，看见这里的师傅通常总是在读《圣经》……他去注意虔诚派教徒干的全部是虚伪可耻的勾当，他们同机器、家庭织机和私酿的火酒一起，把一些好端端的工人断送……

弗里德想到哪去就到哪去走走、看看、问问，每次接触到这悲惨的现实之后，自己又越来越变得忧郁孤独，也越来越冷静起来。他常一人锁在屋子里，跟谁也不来往，内心感到万分忧虑，仿佛锐利的鹰嘴在啄食他的心脏……他一连好几个星期好像生活在梦中，打乱了自己早就养成的习惯，忘记了阅读厚厚的书籍，沉于富有诗意的幻想中，他的钢琴和长剑已经蒙上了一层灰尘，书桌上扔着折断了的鹅毛笔，窗户上拉起了沉沉的丝绒窗帘，房子里美的东西一时都被赶得躲藏起来。只有一点，他的头发梳得依然光亮，衣服依然整齐，因为，贫民窟的人已并不因这点与他格格不入，有的也仿效他把头发梳理一番。

他每次回到住房，一个人静静地坐着，把在贫困区走访的事情记下来——

……

下层阶级，特别是乌培河的工厂工人，普遍处于可怕的贫困境地……

梅毒和肺病蔓延到难以置信的地步……

五个人就会有三个因肺结核死去……

光是爱北斐特一个地方，2500 个学龄儿童就 1200 人不能上学……

厂主中间，对待工人最坏的就是虔诚派教徒……

……

他当时不会想到，一年以后当这些札记以题为《乌培河谷的来信》在汉堡的《德意志电讯》杂志上发表时，会激起社会各界巨大的反响。文章虽然没有署名，但是那期《电讯》很快被抢购一空。

弗里德的日记落到了父亲的手里。

老恩格斯将“日记”重复看了多遍，他断定儿子已经完全发疯了——

“简直难以想象，恩格斯家族的成员之一，而且是继承人之一，竟会去进行这种毫无意义的社会调查！啊！这个性格乖僻的年轻人完全忘乎所以了！目中已完全没有父母亲了！”

恩格斯老板不顾穿着晨服和靴子，披上一件斗篷，吩咐马车夫立即驱车去营业所。

“快点儿，老头子，我的好车夫，你别可怜你的马了，快穿过巴门！今天我可真是碰上鬼了！……”工厂主催促着，急得手忙脚乱。

十分钟光景，工厂主到达营业所，他请古特迈耶尔和鲍威尔出去把门反锁上，命令儿子贴墙壁站着。

“我想问你几个问题，弗里德，你要明确地告诉我！”

“好吧，爸爸！”儿子带着困惑的微笑说。

老恩格斯在斗篷下面画了个十字，他缩在全身褶皱的斗篷里，像是第一帝国时期的法院审判员。

“这是你写的札记吗，恩格斯先生？”

“是的，爸爸！”

“你什么时候到劳亨塔尔和其他这类地方去的呀？”

“一个半月以前……”

“请问你是什么目的，我的先生？”

“我想看一看，有些人是怎么生活的，爸爸……”

“还有呢？”

“我去看了。”

“那你看到了什么？亲爱的！”

弗里德明白，父亲马上要大怒。他知道，再过一会，老头子一定会像飓风似的大发肝火。于是他鼓足勇气说道：

“我看到了可怕的情景，爸爸！”

“那又怎么样？”

“看到了生活的另一面……”

“等等，先生，那你看了这一切以后决定怎么办呢？”

“我感到震惊！”

“我问你怎么办？小恩格斯！”

弗里德正视父亲一眼，坚定地说：“我决不步您的后尘，爸爸！决不……”

斗篷掉到地上了，靴子在斗篷上乱踩。尽管儿子已经十八岁了，这回，他怎么也不让父亲半点……

无奈，老头找老伴爱利莎“清算”，他把对孩子的火只好发泄在妻子的身上。

妻子是儿子的袒护人。

妈妈常教育弗里德：一个男人的真正的美在于对生活的坦荡和善良；一个年轻人真正的魅力在于真诚。金钱对妈妈并没有爸爸那么大的吸引力，她常对儿子说："亲爱的，你需要的只是真理，对自己和对周围生活的真正的真理！"她每当听到丈夫对孩子灌输一番他的金钱万能后，就又要默默无声地给工厂主的幻想设一次障碍。她悄悄在儿子身上加强精神方面的素养，她一心希望自己的儿子献身于某项精神文明的职业——科学或者艺术，以实现她的祖辈们的夙愿。

当父母在沉思幻想，作无声的斗争的时候，弗里德心中早有了一本自己的清白账，知道哪些活动是父亲的用心安排，哪些活动是母亲的着意设计。

通过走访他越来越厌恶起上流社会的人来，他厌恶他们的皮肤松弛，厌恶那绷得衣服裂缝的肥肉，厌恶虚伪狡黠的鱼泡眼睛总是盯着公司账簿的数字和女人光裸着的肩膀；他们白天总是围绕着买卖谈论如何设计机关，到了夜间，谈话总是围绕着女人；巴门的阔人打着饱嗝谈起马来兴致勃勃，爱北斐特的上流人谈起狗来绘声绘色……

工厂主给弗里德有选择地邀些客人，组织年轻人舞会。

"弗里德，你昨天又跟劳亨塔尔的女工们跳舞，而拒绝彼芦尔松小姐请您出席的舞会。您这样做合适吗？"

弗里德明白，一场斗争又开始了，他像手里的台球杆一样对准了目标："我同你们不一样，我只是跟贫苦的姑娘们跳跳舞，让她们高兴高兴，而你们呢，却把她们拖到灌木丛中动手动脚。在你们看来，她们只不过是试验用的动物，在她们身上你们试验男人的品德，而在我看来，她们和那些小姐一样，都是一样的姑娘，一样的人……"

弗里德的话半笑半真，把客人的嘴堵住了，他们很难再开启新的话题。一位满脸脓疱的胖小子只好摇头说："看来，你是很难成为我们圈子里的朋友。"

"我可从来也没有奢望成为'你们的人'，先生们！我确实不是你们羊群中的羊……"

"巴黎也曾有一位伯爵，他拒绝接受财产爵位，与'自己的人'作斗争……"

"是的，但你们不知道他的名字，他叫圣西门。或许，我的命运也将跟他差不多。"

"不过，亲爱的弗里德，为什么您要将这样一副重担压在自己身上呢？是什么东西妨碍您成为'我们的人'呢？您究竟要成为什么样的人呢？您父亲不是跟我们的父亲一起相处得很和谐吗？……难道您不愿受人尊敬或者不为自己的前途担心吗？”

弗里德抬起头来，环顾了一下四周熟悉的面孔。他知道，进行这番交谈根本无济于事，这些宠儿未必能够理解他的胸怀，不过他还是觉得应当说出来，应当给他们一个圆满的答复。

“怎么说呢，先生们！”弗里德的嗓音显得特别浑厚，“这个问题很重大、很复杂。我完全理解你们的疑虑和你们的怒气。你们把我看作是叛逆者，是不珍惜自己的出身，我知道，我不是一个好的儿子，更不是你们的一个好朋友，但是有什么法子呢，我不能不这样……早在孩提时候，我就痛恨我父亲的职业和事业，而这也是你们父亲的事业。但你们和我不同，却很喜欢这个职业，并准备继承它。这就是你们的使命，你们对此心安理得，更有甚者，对此感到荣幸。我的情况则不同。我根本不愿当厂主，当商人或当经纪人，我的生活在书籍中。当你们谈论生意经，谈论马和狗时，我感到很烦恼。而当我想把你们引入诗的幻想世界时，你们则坐立不安，手指挖着鼻子。先生们，这没有什么奇怪的。无非是我们不是一样的人。谁说一个人的出身必然决定他的志向和精神生活？难道上面提到的圣西门伯爵的例子不是正好说明相反吗？！爵位不是万能的，它不总是能束缚思想，改变本性的，就让我的名字和我的出身不致使你们引起误解……你们的生活使命简单得多，先生们！你们只要循着你们父亲的足迹，继承他们的事业，重复扮演他们的角色，可是我的生活使命要复杂得多，困难得多，要在生活中开辟自己的道路。这就是我跟你们不同的地方……”

弗里德的上番话使在场的年轻人惘然若失，就像亲眼看到弗里德又是最后出色一击，把红白两个不同颜色的球一起撞进球袋，从而结束了这场游戏。

漫长的夜已快消尽，工厂主突然把烛台放在桌上。脚步声停留下来，风在院子里呼啸，不时地吹得窗户上玻璃作响。老恩格斯把手伸向插在墨水瓶里的鹅毛笔。

“是的，夫人，我已下了决心。”老头子边写边回答忧心忡忡的妻子，“我找到了出路，我的决定虽然看上去很残忍，但它是唯一正确的路。准备最近同弗里德分离一段时间吧……让他到离家远一些的地方去工作，同不认识的人在一起，在别人的公司里服务。我想这对他会有好处的，可以使他摆脱迷住他心窍的有害思想……看来，乌培河谷的气候对他的性格极其有害……”

飞出笼的鸟

爸爸的信是写给亨利希・列昂波尔德先生的，亨利希是萨克森的领事，一位在美国经销船缆的出口公司老板。

第二天，办事勤奋的古特迈耶尔，在来信文件登记簿上记上了发至不来梅的一封挂号信，打上了两个火漆封印。弗里德没有预感到家里发这封信的沉重，像平常那样从古特迈耶尔手中接过文件，就在信封上盖上“恩格斯公司”的戳子，把它同其他信件一起，送上了去多特蒙德的邮车。

专横的爸爸，怒火还一直没有平息，温和的妈妈这时也不敢、更无法去劝阻爸爸。

妈妈整日坐在钢琴旁按动沉闷的音符，泪水悄悄地流在琴键上……这位很有修养很有思想的母亲，心里矛盾着。她既怕儿子离开自己，可又害怕孩子与他父亲在一起。

妈妈最揪心的事终于发生了。五月份的一天，古特迈耶尔的桌子上，放着一个从不来梅寄来的浅蓝色的信封，信是交由老板亲启的。

这天傍晚，老恩格斯突然显得心平气和，他高兴地告诉夫人：“萨克森的领事亨利希・列昂波尔德阁下答应，七月初把弗里德接到公司去工作。”

消息使晚餐桌上的弗里德大吃一惊。他还从没出过远门，又是到一个陌生的地方陌生人的手下去当练习员……

弗里德尽可能压抑着内心的惊慌，他不愿意父亲这方面得到一点满足，克制着自己说：“爸爸，既然您已经这样决定了，那就照您的意思办吧……”

1838 年 7 月，不到 18 岁的弗里德里希・恩格斯乘着邮车来到了多特蒙德不来梅。

不来梅是德国北方的大商港，与世界许多地区有贸易往来。这里的资产阶级更关心的是商业利益。作为当时德国最大的商港，不来梅的政治气氛比乌培河谷远为开明和进步。那些在其他地方严禁出版和销售的自由主义倾向的书籍报刊，在这里通行无阻，四处流传。

同巴门和爱北斐特比起来，这里的天地广阔多了。在这个巨大的港口城市里，恩格斯接触了各色各样的人物，熟悉了资本主义商业的种种细节，了解了社会生活各方面的复杂情况。这里到处都可找到来自英国、法国、荷兰、西班牙、意大利等国的报刊，他贪婪地研读弄到手的一切著作，读到各种文学的、哲学的、政治的书籍，努力用人类优秀文化成果武装自己，弥补未能完成学校教育的缺憾。

新的生活很快吸引着他。读书是他每天生活的主要内容。他写信告诉友人："在春光明媚的早晨，坐在花园里，嘴里衔着烟斗，让阳光把脊背晒得暖和和的，再也没有比在这种情况下读书更惬意的了。"

空闲时，他兴致勃勃地与同伴一起骑马击剑，到河里游泳，乘船游览不来梅港湾，还画人物素描，欣赏贝多芬的C小调交响曲。

不来梅这个国际港口，为爱好语言的恩格斯提供学习各国语言的有利条件。他每天要处理许多来自各国、使用各种文字的商业信函，接触说不同语言的商人、船员和水手，并且能够看到用各种文字出版的报刊。一次，他在一封信中使用了好几种文字，并对各种语言的特点作了十分生动的描写：意大利语像和风一样温柔清新；西班牙语仿佛林间的清风；葡萄牙语宛如海边的细浪；法语好似小溪湍湍而流，水声悦耳；荷兰语如同烟斗里冒出的一缕青烟，显得多么舒适安逸；德语听起来好似汹涌澎湃的拍岸浪潮，撞击着彼岸四季如春的珊瑚岛。

这时候，德国正处在资产阶级民主革命的前夜。许多进步的作家利用诗歌、小说等文学形式进行反对封建专制的斗争。恩格斯离家来到遥远的不来梅，这方面更是如鱼得水，早在少年时他尝试过写诗，写诗既受父亲爱好的影响，又遭父亲的制约。宗教与理性、专制与民主、大腹便便的有产阶级与骨瘦如柴的雇工……实际生活中遇到的各种矛盾撞击出火花，他用诗歌和小说作武器，"把那些埋没在教堂和地牢的基石下、但在坚硬的地壳下敲击和力求解放的精灵揭示出来"。

……年轻的王子齐格弗里特，不愿在父亲精心安排的城堡中享受富贵荣华，却自愿在荆棘丛生的自由之路上艰难前进。恩格斯借助齐格弗里特表达自己勇往直前摆脱传统束缚，寻求真理的坚强决心：

《刀枪不入的齐格弗里特》——

你们可曾听到，给我骏马和宝剑！
哪要什么头盔和铠甲？
岂用侍从卫队后拥前呼？
我用的只是勇敢的思想。
汹涌的山泉飞泻而下，
喧腾地穿越山间林谷，
松树在它面前轰然倒下，
它却独自开拓前进的道路，
我愿像这股山泉，
为自己冲出一条道路勇往直前。

《黄昏》是恩格斯这个时期的精品。他指出在封建制度统治下，祖国大地一片黑暗：

忧伤的月儿凝视着原野，
灰雾覆盖着丘陵，
疲惫的大地在雾中沉睡不醒，
我们虽然睁着眼睛，
仍像盲人摸索途径。

但是，茫茫黑夜有尽头，太阳一定要升起，旧世界必将化为废墟。正如雪莱所说："明天一定会到来！"诗人对祖国的前途充满希望，相信人民革命的洪流，一定会冲过密集的长矛，推翻暴政，消灭暴君，光芒四射的旭日即将从东方升起：

那里，不仅在我们撒种的地方，
初生的蓓蕾竞相开放，
整个大地都变成花园，
万紫千红吐露芬芳。
苍翠的草木把山河面貌改变，

和平的棕榈给北国换上新颜，
爱情的玫瑰把冰冻的原野修饰打扮；
橡树加快步伐迈向明朗的南方，
挥舞树枝当棍棒，把暴君砸烂，
谁使不幸的国家享和平，
它就给谁戴上自己的叶片。
芦苓到处茁壮成长，
人民的精神就像它一样坚强。

恩格斯很希望德国有一场法国的七月革命，他在一首题为《德意志的七月时光》中暗喻：

洪流奔腾，波涛汹涌，
暴风雨袭来，狂烈凶猛，
浪峰像人身耸立，
小舟上下颠簸颤动。
风暴从莱茵河呼啸而来，把乌云聚集在天空；
飞沙扬尘，摧折橡树，
激荡澎湃，巨浪拔空；
我在飘摇的小舟中不由想到你们
——德意志的诸侯和国君，
你们高踞黄金宝座，
压在忍辱负重的人民头顶；
人民又抬着你们走过祖国大地，
胜利地把占领者驱逐出境，
这时你们竟厚颜无耻，
背弃了原来的诺言保证。
现在法兰西的暴风雨袭来了，
人民群众像波涛汹涌。
君王的宝座摇摇欲坠，
像暴风雨中的孤舟，

权杖也颤抖在你们手中，
首先我把愤怒的目光
投向你恩斯特·奥古斯特
你是暴君肆意破坏法律，跋扈专横，
听吧，暴风雨已在咆哮，
看吧，人民怒目凝视，
利剑也难在鞘中安静。
告诉我，你坐在像我的小舟那样颠簸的黄金座上，
是否安然无事？

19 岁的恩格斯由衷地希望有一天“德意志的七月时光”会来临。他对城市生活常常感到厌倦，有时还很伤感，他给巴门的朋友写信说：“他们全都是一些庸人，我……带着学生气的豪放性格独自坐在广阔的荒野，没有酒友，没有爱情，没有快乐，唯独同烟草、啤酒和两个不能饮酒的熟人在一起。”这时，恩格斯作为蔑视庸俗作风的一种外表标志，留起了小胡子。

他每当萌生这种伤感的心情，会很快作自我解脱，去市场看农村妇女的服装，观察商人和马车夫，画画写生，用惟妙惟肖的素描和漫画把写给妈妈、妹妹和朋友们的信装饰得绚丽多彩；去远足或漫游……

妈妈送的生日礼物

“恩格斯，有什么心事呀？”

一大早，恩格斯就坐在花园里，房东特雷维拉努斯牧师向他匆匆走过来。

“看到这一层薄薄的雪，想起了妈妈，我妈妈的皮肤和牙齿就像雪一样白。”恩格斯心情沉重，语气却显出自豪。

“真为亲爱的恩格斯高兴，你有个雪一般漂亮的好妈妈；又为你妈妈高兴，生下了一个雪亮的恩格斯。”牧师笑着说，有意逗恩格斯高兴，“别想妈妈了，你不是说我们也是你的爸爸妈妈吗？我们外貌没有你妈妈漂亮，却心灵美好。”

“牧师长大伯，你怎么这样说呢？你们都和我妈妈一样的漂亮！”恩格斯一边说一边站起身来。

两人开心地笑，笑声引伯母也走进后院，她连连说：“笑什么？笑什么？什么事这么好笑？我看你俩是偷吃了笑汤吧！”

“我们的恩格斯说你像这雪一样的漂亮！”牧师长笑着告诉妻子。

伯母却频频摇头说：“别开玩笑了。你请的屠夫怎么还不来？”

“嘿，对了，恩格斯，你今天别去单位吃饭，家里宰猪，我们一块吃栏里那头大肥猪。”大伯忽然记起要与恩格斯说的事。

“你们请屠夫？我不就是吗！”恩格斯高兴地做起了舞剑的动作。

“莫开玩笑，我们请了屠夫。”伯母说。

“不开玩笑，我在家里也帮过人家的忙，白刀子进去，红刀子出来，大伙就高高兴兴地分肥猪肉。”

“真的？”

“在大伯面前岂敢说假话！”

全家人又等了一阵。请的屠夫还没有来。

“来吧，相信我吧，来几人帮帮忙。”恩格斯认真地说。

时过半晌了，太晚赶不上集市的好价钱，伯母也就答应。

一头高大的肥猪放出栏，走进雪地。

恩格斯弯着腰，趁这头白毛猪刚走进雪地，眼睛被雪光刺得还睁不开，最佳时期——

恩格斯最先冲过去一手托起猪的一条前腿，猪失去平衡，仅一条前腿着地，有力不好使。另一个年轻人也冲向前托起另一条前腿，再来两人，大肥猪只得乖乖伏案了。

果然，白刀子进去，红刀子出来，大伙就等着分肉吃了。

直到这里，屠夫才姗姗来迟。牧师长大伯找只大碗，要屠夫把猪脑髓留下，自己还亲手把骨缝里的脑髓一点一滴挑出来，放进碗里……

恩格斯看在眼里，觉得牧师长粗壮的手指也像妈妈那纤细的拨弄钢琴的手指头……他不由又想起妈妈……

妈妈因常袒护我而遭受爸爸的粗暴，善良贤惠的妈妈为了顺着我的爱好，正常成长，她忍辱负重，爸爸粗暴的拳脚要留在我身上的而留在妈妈身上去了。

一次爸爸从我的床垫下翻出一本“邪书”——《歌德著作集》。妈妈一听到爸爸的声音在我的住房炸响，便一阵风跑过来，正挡住爸爸踢上我的一脚，妈妈的腿部受伤而蹲在地上。一见爸爸正要撕书，妈妈霍地站起身夺过了那本书，可妈妈的身上却应声又挨了一拳……

妈妈抱紧那本书，倒在地上了。这次她放声大哭了一场，我也陪妈妈痛哭了一场。那次我真恨不得要还给爸爸一脚一拳，可想到自己是儿子，只好把恨和爱全压抑在为妈妈抚摩的伤口上……

这时，只有亲爱的妹妹玛丽亚是最好的调停者，她扭住爸爸使劲捶打和哭闹，甚至在地上撒起无赖来，躺在地上擦地板，在拳头击打着自己，并连声哭着说:“爸爸你别打妈妈,别打哥哥,你要打就打我吧！你打我吧！”……爸爸不会打妹妹，他还会马上把妹妹抱起来，最终息了火气……

夜里一声猪叫把妈妈惊醒，妈妈会闻声起来，无论远近，拿只碗到宰猪的人家里去，要屠夫把猪脑髓留下来……

谁家杀了马、驴、犬，她也拿只碗去了……

帮一阵忙，牧师长请的屠夫来后，恩格斯一个人蹲在自己的房间，泪水涟涟地想心事。大伯要他在家，他就干脆没上班了。他厌烦商行的练习生的业务，每天是抄写商务信函和票据，分送和支付账单，收发信件，捆扎包裹……

“恩格斯，你老坐在房间想什么。别想了！先把这个吃了！”牧师长大伯端进来一碗热腾腾的，用下命令的口气说。

啊，一碗清蒸的猪脑髓，香气扑鼻。也像妈妈做的一样，里面只放冰糖，不放盐和其他佐料……恩格斯吃了一口，就像回到了家里一样。

“大伯，你怎么与我妈妈做的一模一样？”恩格斯噙着泪说。

“孩子，你不是常说起过你妈妈吗？快把它吃完暖暖身子。”大伯说。

牧师长离开了。恩格斯舍不得把这碗猪脑髓吃掉，眼前好似看见妈妈瞧自己吃脑髓时的慈祥的笑脸，看见妈妈那只拨弄琴键的灵巧的手指，听到妈妈那琴一般发出的说话的声音……

下午上班时，办公桌上放着“恩格斯收”的一件挂号包裹，多熟悉的笔迹，是妈妈写的。

1893 年 11 月 28 日，不来梅的收取邮戳清楚地告诉了恩格斯，今天是自己的 20 岁生日。妈妈多有心计，把邮路的时间算得如此准确，刚好在恩格斯生日的这天让他收到了“生日礼物”。

恩格斯郑重地将包裹打开，是一本书，一本险些被爸爸撕毁，而由妈妈糊得完好的一本厚厚的书——《歌德著作集》。

将笔锋对准封建制度

黑夜里我独自驱车，
奔驰在你们熟悉的德意志国土上，
这里到处是被强权压倒的人们，
多少人内心燃烧着怒火万丈。
他们愤怒的是，被剥夺了
历尽艰辛赢得的自由，
如今那些卖身投靠者鼓簧弄舌，
还在对它嘲弄、辱骂、讥笑不休。
浓雾笼罩着荒野和平原，
偶尔才吹来一阵微风，
白杨从熟睡中惊醒，
随即又入梦匆匆。
天空晶莹，新月如快镰，
又像达摩克利斯头上的剑，
正悬在我兼程前往的城市上空，
国王一怒淫威远逞，
灾祸降临顷刻间。
群犬向我狺狺狂吠，
追逐着环绕车轮蹿跳，
它们和首都那帮卑劣文人多么相似，
因嗅出我的自由精神而懊恼。
对此何所虑，我自高枕无忧，
毅然向往着未来的自由。
你们不要感到迷惑，

我们知道，黎明前的梦魇最稠！
看啊，清晨即将来临，
黎明前的灼灼晨星正把道路照亮，
自由的钟声催醒所有善良的人，
预告着欢乐的和平，暴风雨不再临降！
精神之树以巨臂般的强根，
把旧时代的残余统统扫荡，
它的繁枝将鲜花撒遍全球
永恒的金色闪闪发光！
于是我安然入睡，清晨醒来，
只见欢乐的大地阳光普照，
眼前出现施梯维的城市，容光焕发，盈盈含笑，
这座自由之城啊，在晨曦中闪耀。

20 岁的恩格斯带着不来梅两年多的学习收获回到了巴门，这是他回巴门不久发表的《夜行》一诗。

爸爸让他一人遥居他乡，却使他获取了意想不到的收获。

在不来梅，恩格斯和“青年德意志”文学组织建立了联系，他一再向歌德、席勒和莱辛求教，对他们的作品深表钦佩，并从他们的著作中吸取很有价值的思想。恩格斯认为，莱辛、席勒，尤其是歌德的作品是文艺创作中无与伦比的典范。恩格斯以学生对待老师的态度对待诗歌，但对歌德的尊重中却也有几分遗憾，认为在歌德高超的大师手笔中找不到新时代的预兆，找不到以法国革命为开端的新时代的预兆。

黑格尔的哲学在当时的德国是很有影响的，但是这种哲学思想包含着内在的矛盾，黑格尔的辩证法是革命的，但其体系是保守的唯心的。

妈妈对哲学家黑格尔也是个追逐者，她时常把读黑格尔哲学著作的笔记寄给恩格斯。恩格斯在钻研黑格尔的《历史哲学》时很受启发，他看到黑格尔不是把历史描写成个别人随心所欲的创造，或杂乱无章的现象，而是把历史看成理性发展的必然过程。他认为黑格尔致力于辩证法，用辩证法去探索人类历史和自然界各个领域中的发展路线，并发现存在于所有这些领域中的规律性，这种努力是有伟大历史功勋的。但是作为渴望民主与自由的进步青

年，他对黑格尔哲学体系中的保守思想很不感兴趣。

黑格尔死后，大卫·施特劳斯的《耶稣传》对恩格斯批判宗教，抛弃乌培河谷的信仰又起了重大作用。施特劳斯指出，《圣经》里记述的关于耶稣的神奇故事，不是真实的事件，而是一些神话，这些神话是在基督教团体内无意识地形成的，反映了当时人们盼望救世主来拯救人类的思想。施特劳斯的这种神话起源说，使人们看清了耶稣并不是神仙，而是凡人。这样整个基督教就失去了令人信仰的根基。恩格斯以胜利者的喜悦心情写信告诉在宗教问题上与他进行激烈辩论的格雷培说："小伙子，你现在就听我说，我目前是一个热心的施特劳斯主义者了。你们这就来吧，现在我可有武器，有了盾牌和盔甲，现在我有把握了，你们就来吧，别看你们有神学，我也能把你们打得落花流水，使你们不知该往哪儿逃。真的，威廉……大卫·施特劳斯像一位年轻的神一样出现了，……他把乱七八糟的东西暴露在光天化日之下——Adios，宗教信仰！——它原来就像海绵一样漏洞百出。"

恩格斯看来，未来的道路既不是抛弃哲学，又不是完全依靠哲学。要依靠生活本身，依靠生活和哲学的结合。他主张，在反对封建反动势力的斗争中必须使革命民主主义和黑格尔的辩证法、政治和哲学密切结合起来，把自己的一切希望寄托在革命思想和革命行动的统一上。

于是，恩格斯开始用笔杆作武器，向封建制度作斗争。他指出，所有身居王位的国君都是反动的。在1816—1830年这个时期，各国王室都对人民犯下了骇人听闻的罪行，几乎当时掌握统治权的每个国君，无论是笃信宗教的法国国王查理十世，阴险的西班牙国王斐迪南七世，只会签署死刑判决书的奥地利的弗兰茨，血洗葡萄牙的唐·米格尔，俄国的杀父犯亚历山大以及不愧为他弟弟的尼古拉，都应该处以死刑。普鲁士国王威廉三世更是一个残杀人民的坏透了的恶棍。对这些反动家伙绝不应该存在任何天真的幻想。他们绝不会替人们做好事，"只有国君被人民打了耳光而脑袋嗡嗡响时，只有他的宫殿的窗户被革命鹅卵石砸得粉碎时，我才能期待国君做些好事。"

炮手和旁听生

1841 年 3 月底，恩格斯回到阔别两年多的故乡巴门后，只有一阵同家人欢聚的新鲜。爸爸妈妈变老了，弟弟妹妹们长高了；爸爸还是那般粗暴，妈妈还是那般柔情，家里面目依旧，生活单调呆板。恩格斯除了偶尔与弟妹们练习击剑，访问同学之外，整天埋头读书。

这期间，恩格斯遭受了第一次失恋的打击，为了忘却恋情，他离开家里枯燥的生活，5 月到瑞士和意大利旅行，漫游伦巴底。经过缺乏空气、毫无特色的巴塞尔，攀登重峦叠嶂、云蒸雾绕的阿尔卑斯山，这里盛夏时节仍然白雪皑皑。他又乘大船畅游苏黎世湖光秀色，他说："我在那里更深刻地沉浸在情感的海洋……个人的悲伤和痛苦涌上心头，但仅仅为了在大自然的壮丽景色中得以怡然开脱，溶化在温暖的生活协调之中。"恩格斯先生在巴塞尔和苏黎世停留，一直走到米兰。他不愿错过访问后一个城市的机会，这个城市曾拒绝任命大卫·弗里德里希·施特劳斯为大学教授，施特劳斯和他的《耶稣传》自然给这座城市留下了遗憾。

旅游回来后，恩格斯在巴门度过整个夏天，在巴门坐堂读书的日子里还不时浮现游苏黎世湖的情景，湖中的绿浪在拍打英雄的陵墓，犹如听到远处传来的兵戈相击声和战斗呐喊声，充满斗争激情的新生活在向自己招手……

根据他的中学结业证书，恩格斯被列为服志愿兵一年的对象。恩格斯 9 月底赴柏林，进入近卫炮兵旅第 12 步兵连。

在普鲁士王国的军队里服兵役，对于恩格斯是件不愉快的事情，他也做过免服兵役的努力，但未能成功。反过来，他想也是个学习、体验的新的机遇，学些军事知识，到柏林普鲁士身边的首府中去加深了解国家政治和军队帮众的心态，这不也是一种新的生活吗！

恩格斯在服役六个星期后，为便于自己的学习和活动，找到了一个私人住处。按照规定，作为一个服役一年的志愿兵，也是有这个方便的。他的私人住处离兵营不远，是多罗特恩街 56 号二楼的一个房间。

恩格斯穿上军装后对等级森严的兵营生活很厌烦，他写信给妹妹说他不喜欢参加宫廷广场的阅兵式，和每隔四周的教堂礼拜，每逢这时他可能回避或溜掉。但他对军事训练却很感兴趣，并开始作军事理论研究。服役不久，他因此顺利提升为炮手。

柏林是具有悠久历史的古老城市。恩格斯利用紧张的军事操练的空隙，漫步街头，欣赏名胜古迹，了解这里的历史变迁。这里又是普鲁士反动势力的堡垒，反动势力很强，也集中着各种政治派别、政治观点的人物，思想政治领域的斗争尖锐复杂，为恩格斯仔细观察和参加争夺德国舆论统治权和政治统治权的斗争，提供十分有利的条件。

柏林大学是德国文化、学术活动的中心，是当时德国的“思想斗争的战场”。大学的教师包括各种思想派别的代表人物，彼此之间经常进行激烈的斗争。尽管黑格尔差不多在十年前就已去世，但他的学说在这个大学里仍占统治地位。

1840 年 7 月，普鲁士国王弗·威廉四世继位后，采取了公开的反动措施，控制文化教育领域。这使得许多青年黑格尔分子丢掉了幻想，他们宣传黑格尔哲学的革命方面，要求废除反动的封建专制制度，实现资产阶级共和国。普鲁士国家和宗教神学感到不安，于是国王在第二年秋天派哲学家谢林到柏林大学任教，他们很希望谢林可以在他的专业领域，即哲学领域内消除黑格尔的影响，给青年黑格尔派以打击，迅速使无神论者哑口无言。

谢林出身于牧师家庭,在大学学习神学和哲学。他早年也反对封建专制，拥护法国大革命，追求自由的思想，曾把“马赛曲”译成德文，同时他的辩证自然哲学在当时起过一定的进步作用，因而得到过一些青年的拥护。但是到了晚年他的思想来了个大转弯，极力宣扬基督教正统思想、宣扬神秘主义的“启示哲学”，完全适应了封建王国的需要。因此得到威廉四世的赏识。

为了弥补高中停学的遗憾，更想亲眼看看这场刚刚由谢林挑起的斗争，恩格斯作为一个服役军人读了柏林大学的旁听生。

1841 年 11 月 15 日，柏林大学的第六教室里座无虚席，谢林在黑板上写上“启示哲学”，今天是第一课。

教室里不同社会地位、民族、信仰的代表聚集一堂，人们使用德语、法语、英语、匈牙利语、波兰语、俄语、现代希腊语和土耳其语交谈，人声嘈杂，在许多大学名流、科学大师、年迈的博士、自成一派的大人物和胡须花白的高级军官中间，坐着一位年轻的志愿兵，他身着蓝色的军服，黑色的衣领上有两条黄色宽边，袖头是黑色镶黄边，上衣下摆有红色衬饰，佩戴白边的红肩章，兴致勃勃、精神抖擞。

讲台上，谢林正在口若悬河地讲授他的“启示哲学”。恩格斯用心听讲，仔细地做着记录，谢林肆无忌惮地对自己青年时代的好友、在杜宾根神学院的同窗黑格尔大加攻击。课堂上，听众渐渐感到不满，有些慕名而来的人也表示失望。恩格斯这时就下定了决心，“要替伟大的死者应战”！

后来，恩格斯又听了黑格尔的学生马尔海奈凯教授反对谢林的讲演。四个星期后，这个不被人们注意的最年轻的旁听生站在了青年黑格尔派的前列，用“弗里德里希·奥斯渥特”的笔名，以《谢林论黑格尔》为题，发表了第一篇反驳谢林的文章。随后，在 1842 年春天，又匿名发表了《谢林和启示》以及《谢林——基督的哲学家》两本小册子。恩格斯的这些论文和小册子，像是射出的三发炮弹，使谢林感到强烈的震动。他没有想到向自己开火的竟是一个高中尚未毕业的旁听生，一位年轻的炮手。

恩格斯捍卫黑格尔的辩证法，批判谢林竭力修正黑格尔辩证法的企图。他的大胆举措受到了青年黑格尔派的热烈欢迎，并在哲学界和进步报刊中受到关注，恩格斯也因此在邮局大街的一家酒店——“老邮局”酒店里结识了“博士俱乐部”的一些朋友：麦克斯·施蒂纳，布鲁诺和埃德加·鲍威尔兄弟，爱德华·梅因，卡尔·弗里德里希·科本和路德维希·布尔，同他们一起度过许多欢乐的时光。

恩格斯在柏林逗留的最后一月里，身边带养一只漂亮聪明的小猎犬。他唤猎犬叫“无名氏”，晚上当恩格斯到饭店吃饭时，这条猎犬经常是守在门外等主人喂它，只有主人许可，它才到处向在座的客人要东西吃，“无名氏”虽然没有什么特别技能，但它在主人教诲下，与主人一样，爱憎分明。恩格斯写信告诉妹妹说：

“我只教会它一件事，当我对它说：无名氏，……这人是一个贵族，于是它就向我指的那个人表示无比愤怒，并憎恶地发出狺狺声。”

恩格斯旁听大学的神学课、哲学课和文学课。但他自发表反谢林的论战性著作以来，越来越关心哲学。这个黑格尔的追随者现在已不再只在文学领域内向反动势力进行斗争，而是作为哲学上的年轻一代代表投身于这一战斗了。因此，恩格斯比任何时候都更加勤奋地致力于研究哲学，特别是黑格尔的著作。他在批判谢林时，又注意分辨出黑格尔哲学唯心的一面。

博士俱乐部的成员，十分赏识这位热情奔放、勤奋好学、思路敏捷、笔锋锐利的年轻志愿兵，这些青年黑格尔分子是批判神学、批判宗教、批判反动国君的激进分子。恩格斯与埃德加·鲍威尔合写的《横遭灾祸但又奇迹般地得救的〈圣经〉或信仰的胜利》诗篇中，对“博士俱乐部”这群勇士们作了生动的描写：

这位是科本，戴着一副大眼镜，阔步向前。
他本应向隅而坐，卢格却用无情的手点燃他胸中邪恶的火焰。
他要佩一柄锈蚀的长剑，
不断摇来晃去，
像小鬼拖条尾巴。
他戴着肩章，举着喇叭，
让大家，连那些遥远地方的人们，
都能听见渴求知识的勇敢青年的呼声，
接踵而来的是梅因！他引起欧洲的注意，
——他是恶魔的希望
他在娘肚子里就研究过伏尔泰的思想
这个恶棍率领着一帮黄口小儿，自己的外甥，
他曾任意地把他们勾引，
现在又和他们向下飞行
飞进好客的地狱大门。
……
这是不是生性残忍的埃德加·鲍威尔
是的，是他！茸毛盖满他这个恶人的嘴脸
虽然年纪轻轻，却老谋深算，诡计多端，
蓝色的燕尾服挡不住他丑恶的灵魂，
华丽的装束掩盖不了他是个好斗的长裤汉。
……
施蒂纳来了，一个打破清规戒律的凶恶的敌人。

今天他喝啤酒，明天就会大叫：拿血来饮！
只要有谁高喊自己的口号：打倒国王，
他立刻就会补上：也打倒法律。
……
布鲁诺已等候在那边，
他疯狂地挥舞着一本著作，
这本著作将把《圣经》一举全歼。
他那瘦削的身躯穿着绿色的礼服，
表明他是复仇女神的亲属。

恩格斯在柏林的时候，马克思已经离开这里，也离开了“博士俱乐部”。两位年轻人错过了会面的机会。但从人们的介绍谈论中，恩格斯对马克思的革命品德、战斗精神和渊博学识，留下了深刻的印象。他在《信仰的胜利》中对这位未曾见面的战友作了这样的描述：

是谁跟在他（布普诺）的身后，风暴似的疾行？
是面色黝黑的特利尔之子。
一个血气方刚的怪人，
他不是在走，
而是在跑，
他是在风驰电掣地飞奔，
他满腔愤怒地举起双臂，
仿佛要把广阔的天幕扯到地上。
不知疲倦的力士紧握双拳，
宛若凶神附身，不停地乱跑狂奔。

在《信仰的胜利》中，恩格斯把自己与不相识的马克思写进了同一个篇章：

那走在最左边，穿着胡椒色的裤子，
怀着胡椒辛辣的心的，

长腿的人是谁?

是奥斯渥特——山岳党人!

不论何时何地，他都坚决而凶狠，

他只擅长一种乐器——弹奏断头台这种琴。

他只爱唱一首抒情曲，

其中不断地重复一句叠韵:

摆好你们的队伍! 拿起武器! 公民们!

《莱茵报》"世界工厂"的通讯员

恩格斯于 1842 年 10 月服役期满。离开柏林的前夕，他与青年黑格尔派产生了分歧，也脱离了青年黑格尔派。

青年黑格尔派虽然在资产阶级民主革命运动的前期起过一定的进步作用，但是德国资产阶级的软弱性和反动性，在这个代表资产阶级的派别身上有着鲜明表现，他们在哲学上机械地坚持黑格尔古典哲学的唯心主义，宣扬"精神创造众生"；在政治上美化普鲁士王朝，对新上台的普鲁士国王威廉第四抱有幻想，鼓吹与封建统治阶级妥协。正当德国资产阶级革命日益发展的时候，青年黑格尔派却动摇、倒退。

1841 年，德国古典哲学的杰出唯物主义代表费尔巴哈的主要著作——《基督的本质》出版了。恩格斯认真研读了这部著作，受到深刻的影响。费尔巴哈指出，自然界是不依赖任何哲学而存在的，在自然界和人之外不存在任何东西，不是上帝创造人，而是人按照自己的形象创造上帝；上帝不过是人的本质的虚幻的反映，上帝的本质就是人的本质。这些深刻的见解，拨开了黑格尔唯心主义笼罩在德国的迷雾，使恩格斯大受教益，开始转向唯物主义。他说，这部著作的问世，"宛若光辉的、自由的古希腊意识从东方的晨曦中脱颖而出，一个新的黎明、一个世界历史的黎明正在出现。太阳升起了。……我们从沉睡中醒来，压在我胸口的梦魇消失了，我们揉揉眼睛，惊奇地环顾四周，一切都改变了。在此以前一直同我们格格不入的世界，像幽灵一样的隐蔽的力量，使我们担惊受怕的自然界，现在同我们多么亲密，多么接近啊！在我们看来曾经像监狱一样的世界，现在显露了真实的形态，犹如我们大家——富人和穷人，贵族和平民都可以出入的宏伟的王宫。"

恩格斯完成一年的服役之后，10 月初离开柏林，返回巴门，返回巴门的途中，他在科伦停留，为的是拜访在那里的卡尔·马克思，并访《莱茵报》编辑部。这一次，恩格斯没如愿以偿，他在科伦没有见到马克思。只好悻悻回到巴门。

11 月底，一个雾气弥漫的早晨，恩格斯接受爸爸的安排，很快离开了故乡，踏上人生新的征程。

他从荷兰乘船渡海，沿泰晤士河上溯伦敦。这一次航程，不再是短期的旅游了，恩格斯开始正式走向工作岗位，到曼彻斯特父亲的工厂里做一份工作。中途又一次在科伦停留，这次总算在编辑部见到了黑胡子的马克思。两人的首次会面是冷淡的，马克思这时已和青年黑格尔派断交，他主编的《莱茵报》都不登他们的稿子。首次见面后两人自然还不算朋友，但至少一件事令人满意，恩格斯答应为《莱茵报》写英国方面的通讯稿。

英国是当时资本主义最发达的国家，航运和工业在世界首屈一指。

早在 15 世纪 70 年代，英国开始进行资本原始积累。当时英国的地主阶级和新兴资产阶级利用国家暴力，利用集中的、组织的社会力量，野蛮地剥夺小生产者的生产资料，为资本主义经济的发展提供了大量货币资本和自由劳动力。

17 世纪中叶，英国资产阶级通过革命取得了国家政权。18 世纪下半叶，英国发生了产业革命。资本主义在经过简单协作的工场手工业阶段后，进入了大机器工业阶段。19 世纪 30—50 年代，英国工业长足发展，从 1840—1850 年，蒸汽机总能力从 60 万马力增加到 129 万马力，增加 1 倍以上；从 1836—1848 年，铁路长度从 251 公里增加到 8203 公里，增加了 30 倍以上，这时，英国工业产量占世界工业产量的一半，成为“世界工厂”。

英国的工业集中在伦敦、曼彻斯特、格拉斯哥等几个大城市。当时伦敦有居民 350 万人，曼彻斯特有 40 万人，格拉斯哥有 30 万人。巨大的工厂城市鲜明地出现了两个新的阶级：工业资产阶级和无产阶级。

资产阶级为了榨取更多的剩余价值，便尽量延长劳动时间，不断提高劳动强度，还大量使用廉价的童工和女工。

英国宪章运动的领袖和杰出诗人艾内斯特·琼斯在《工厂城》一诗中，对资本主义工厂制度作了深刻的揭露：

工厂放出可怕的火焰，
它胸中怀着密封的地狱：
伊特那的怒火已经消散，

活人的火山却还喷着。
男人，女人，儿童在做工，
被锁在狭小阴暗的地牢；
当今的刑台——车轮飞动
生命之线飞快地断掉。
天上的星星看着也发怔，
烟雾弥漫，机器怒吼；
这城市就像热锅沸腾，
煮沸的毒水横溢四流。
在那发臭的围墙里面，
生命和死亡纠成一团；
工人和工人肩并着肩，
血肉与钢铁进行殊死战。
车轮发出沉闷的噪音，
厂里的空气沉重又闷人；
力量在哀鸣，工人在呻吟，
还有人们绝望的叹息声。
尘土飞舞在他们的周围，
那苍白、干裂、发热的嘴唇；
梭子不停地穿去又穿来，
苦工葬送了短促的生命。
半裸的童工浑身打战，
空气炎热，心头冰冷；
成年人萎缩的肌肉发颤，
听那机器可怖的吼声。
女工们痛苦的心灵狂跳，
想到孩子们受折磨真苦恼。
那财神伸出红色的魔掌，
把她们天生的智慧灭掉。
听啊，这不见血的屠宰场，
不时传来绝望的哀号；

啊，给我一滴水喝吧！

啊，让我透口气就好！

恩格斯又亲眼看到了英国资产阶级残酷剥削压迫工人，激起了他满腔怒火。作为一个人道主义者和民主主义者，他曾痛斥过乌培河谷工厂主们的罪行，厌恶起自己父亲的言行，也把自己节省下来的钱分给贫民窟的贫苦人。可眼下他看到的是大多数的人受着少数人的压榨，自己口袋里节省的几个钱能解决什么问题?

但工人们怎样才能彻底改变他们的状况呢?工人们必须走什么样的道路，才能从资产阶级剥削和压迫的桎梏中解放出来呢?

1842年底,恩格斯在为《莱茵报》写的第一篇文章,试图提出一个答案,他说:“只有通过暴力消灭现有的反常关系，根本推翻门阀贵族和工业贵族，才能改善无产者的物质状况。”他还写道:“无产阶级由于人数众多，已经成了英国最强大的一个阶级，当他们意识到这一点的时候，英国富翁们就该倒霉了。现在他们的觉悟程度的确还没有这样高。英国无产者只是预感到了自己的威力。”

恩格斯这时已把全部身心献给了无产阶级。“我抛弃了社交活动和宴会，抛弃了资产阶级的葡萄酒和香槟酒，把自己的空闲时间几乎都用来和普通工人交往。”

恩格斯同工人们的密切相处，很快同空想社会主义者建立联系，也同宪章派及其公开的机关报《新道德世界》和《北极星报》建立了密切联系，他还与正义者同盟在伦敦的中心建立了联系。

虽然恩格斯非常关心和积极参加工人组织活动，但他也像马克思一样，没有盲目地加入任何一个组织。他拒绝沙佩尔要他加入正义者同盟的建议，因为他不同意作为同盟指导思想的魏特林平均主义的共产主义的理论。他说:“平均主义想把世界变成工人公社,把文明中间一切精制的东西——科学、美术等都当作有害的危险的东西，当做贵族式的奢侈品来消灭掉；这是一种偏见，是他们完全不懂历史和政治经济学的必然结果。”他的这段批判法国平均主义的话，对魏特林主义同样适用。在恩格斯的思想里，一种崭新的共产主义——科学社会主义正在形成。

恩格斯的《英国工人阶级状况》一文又一次引起了《莱茵报》的马克

思对这位“商人的儿子”的注意。文中证明：工人的群众性政治革命运动应该把他们引向社会主义；社会主义要从空想主义者个人的幻想变为现实和力量，就必须成为工人阶级群众性的政治斗争的目标。

把社会主义和工人运动结合起来，把空想的社会主义变成科学的社会主义，把社会主义从个别软弱无力的人们的幻想，变成人数众多的强大的阶级的理论——马克思总算发现了这位“商人的儿子”。

“燕妮，一个难得的‘知音’，我要把他的文章刊登在头版！”马克思高兴地对妻子说。

正在这时，那曼彻斯特的“小爱尔兰”工人住宅区，恩格斯也正同自己的恋人手挽着手……

年轻人，都因志同而道合了。

工人区有个“亲戚”

恩格斯来到曼彻斯特不久，他就注意了这“小爱尔兰”的工人区。

一个星期天的上午，通往商业区的大道上走来一位穿着整洁入时的青年男子，棕色的头发光彩照人，亮直的三七开发路，上唇蓄小胡子，眼睛蔚蓝，匆匆上下班的工人都不免要瞥他一眼，从他身边绕过……

这条通往狭窄、阴冷、低矮的工人生活区的泥泞路上，很少有这般尊贵打扮的人来，来人边走边观察周围的一切。

路人都这么猜：“一个老板迷路了。”

“哟，对不起！”“老板”连连歉意，他与一个匆匆下班的女工相撞了。

“没关系，只怪路太泥泞。”青年女工说。

“咱们在泥泞中选了同一条路，不得不碰在一起来了。”“老板”羞红着脸作解释，还不好意思地说：“没弄脏你的衣服吧？”

“不要紧，我穿的是工作服，只怕……”青年女工边走边看着一本书，不由抬头看了一眼这位有礼貌的人，显出几分惊异，“呀，哪家的老板先生？你迷路了吧？”

“呃，不是老板，是‘欧门—恩格斯公司’的一名小职员。本人就叫恩格斯，是在父亲的工厂里工作。”恩格斯一眼看到了女青年手里的歌德著作，心里好生高兴，估计同她聊聊，肯定会有共同的语言。

“欧门—恩格斯公司”是曼彻斯特有名的纺织品生产公司，有一栋七层的办公楼房，作为纺织工，岂有不知“恩格斯”大名的。

“你这全城有名的大老板，怎么跑进工人区来了？”她问。

“我不是大老板，我只是老板的儿子。我也不是迷路，是特意到这里来……走亲戚的。”恩格斯凝滞片刻，和蔼地说，“真遗憾，我这已是来第三次了，还一直没有找到他。要是你有时间，帮我做做向导就好了。”

“我说恩格斯先生，你这阔老板怎么会有这么一个穷亲戚？这里是工人区，一色的贫苦百姓。”

“我知道这是曼彻斯特有名的‘小爱尔兰’,我的亲戚就是一个爱尔兰人。”

这是曼彻斯特的一个区，一块工人的栖身之地，贫民窟，而这里又大都是爱尔兰工人。

恩格斯见她性格爽朗，举止大方，一位对歌德很有兴趣的人，内心对这位陌生的女性萌发了好感。

“我看你也是爱尔兰人。”他紧走几步，跟上她。

“你怎么知道？爱尔兰人有什么标记吗？”她说。

“爱尔兰人活泼、勇敢。”

“你知道我勇敢吗？”

“你的眼睛都告诉了我，还有你的举止……我不是差一点让你挤到一旁的泥坑里去了吗？”

“我真要是被你挤下泥坑，那才有戏看啰！哈哈——”一阵爽朗的笑声。

“戏是有看的。我当时肯定会拉住你，你这个少不了的配角。哈哈——”恩格斯的笑声更感染人，是一种特有的宽松、和蔼可亲的笑。

路人都看着这对一高一矮的年轻男女。

“你的亲戚叫什么名字？”她问。

“记不住了，早断了来往。我觉得很有必要同他来往。”

“这里面的亲戚，穷鬼，你难道喜欢吗？”

“当然喜欢，不喜欢还不来呢！”

“你喜欢，可你当老板的爸爸不会喜欢，他也是不会同意你们来往的。穷人有穷人的志气。”

“爸爸不喜欢的东西不一定儿子也不喜欢。我正是喜欢穷人的这股志气。你说得太好了，穷人就是要有这个志气，若穷人都有这个志气，就可以气死那些富人家。”

他们会心地笑，一本正经地笑。

恩格斯发现她笑得格外漂亮，像野蔷薇般的美丽，圆圆的脸庞笑出一对酒窝，酒窝时隐时现，眼睛乌亮……含蓄中蕴藏着一种力量。

恩格斯第三次来到“小爱尔兰”同样没有找到亲戚，他找到了这位爱尔兰姑娘。他们相识了。她带他到工人们家里坐坐，聊聊，发现了曼彻斯特工人区与巴门工人区的相同和不同的地方。

这位纯朴的爱尔兰青年女工，也发现了这位“青年老板”的身上，有许许多多与工人们一样的东西。他虽然穿着讲究，但在工人家里丝毫没有贵族的傲慢，坐有灰尘的凳子，他不会考虑去擦一擦，他与那些残废的蓬头垢脸的老年人谈得也是那么亲切，不嫌他们身上脏和生相丑陋，与他们同坐一个火炉，同饮他们黑罐里的茶水……

恩格斯的内心与他的外表一样的美,这是爱尔兰青年女工所敬佩不已的。

恩格斯自然也成了这位青年女工——玛丽·白恩士闺房的常客，他们谈人生，谈理想，谈价值，谈歌德、雪莱的作品……

玛丽比恩格斯小一岁，她的父亲迈克尔·白恩士是一个染色工人，她自己在曼彻斯特的一个棉纺织厂里做工。玛丽是一个很有觉悟的女工，少年时就在感情上与本族人民的自由斗争息息相关了，她对英国统治阶级阻止爱尔兰实现民族独立感到非常愤怒，她痛恨那些压迫她本族人民的人……玛丽的革命精神，唤起了恩格斯对受尽英国资产阶级和君主政体压迫的爱尔兰人民深厚的同情。

恩格斯和玛丽一起参加工人们的社交集会，星期天在曼彻斯特的“共产主义大厅”里举行晚会，他们成为大厅舞会里的一对引人注目的舞伴。

他们相爱了。

恩格斯常在“小爱尔兰”工厂区与玛丽共同生活，一对陌生的路人成了亲密战友。

“我亲爱的，你不遗憾吗？你的爱尔兰的那家亲戚没有找到。”玛丽笑着说，明知故问。

“没有遗憾。你不是带我找到了吗！工人们都是我应该要找的亲戚……”

工厂区纸糊的窗户里飘溢出一阵阵爽朗的笑声……

伟大的会见

1844年8月，恩格斯从英国回德国途中，他特地访问了法国首都巴黎。

巴黎是具有光荣革命传统的城市，从18世纪末法国资产阶级革命以来，这里一直是欧洲革命的中心，无产阶级与资产阶级的斗争十分激烈。这个城市也是当时流行的各种社会主义和共产主义理论的策源地，聚集许多社会主义学派和工人运动活动家。

恩格斯中途转到巴黎的目的，是为了接触巴黎各阶层人民群众，实地考察法国阶级斗争的情况，也是为了广泛联系各派社会主义者，促进各国“共产主义弟兄”彼此接近、互相了解。但他此行最主要的目的，则是为了拜访马克思——那位黝黑的血气方刚的特利尔之子。

黄头发的恩格斯与黑头发的青年第一次在《莱茵报》编辑部会见，彼此已留下了第一印象。这位“商人的儿子”不甘心那次遭受的冷落，一阵书信往来后，他又来到黑头发青年的身边。

站在马克思面前的是一个拿着大礼帽和手杖的青年人，亮丽的分头黄发像燃着的一团火，一对灰蓝的眼睛间隔得很开，目光是那么直率、好奇和勇敢。马克思好像是第一次发现他如此白皙纯净的皮肤，一张善良的大嘴和两个大鼻孔，精心修剪了的栗色的胡子，鬓角连着长圆脸两边的窄窄的一圈络腮胡，肩膀宽厚，个子高而瘦，穿着非常讲究……

恩格斯发现主人像老熟人样在打量自己，他滚滚波涛一样的卷曲黑发盖着宽阔漂亮的前额，乌亮的眼睛里射出十分动人的愉快的目光，已不见了第一次那种疑惑、冷漠、教人心里极为不安的眼神……

马克思从恩格斯寄来的文稿中渐渐对这位“商人的儿子”刮目相看了，心里不免对其第一次来访的冷落有些歉意。这次来，马克思已有了一个家，他的一家人热情接待这位从英国曼彻斯特来的客人，慷慨拿出手里还清债务剩下的不多的钱，似乎要弥补他们第一次见面时对这位黄发青年的冷落。

燕妮帮着佣人琳蘅倒葡萄酒，端咖啡。他们相对端坐着，倾心谈着……连琳蘅走过去倒那堆满雪茄烟蒂的烟缸时，他们也没有丝毫改变……

卡尔·马克思比恩格斯大两岁，于1818年5月5日诞生在德国普鲁士邦莱茵省特利尔城，一个犹太律师家庭。父亲亨利希·马克思学识渊博，具有资产阶级民主思想，熟悉法国启蒙思想家的著作。马克思少年时期，父亲经常向他讲述这些著作，使他从小就受到资产阶级启蒙思想的熏陶。

中学毕业前夕，马克思在《青年选择职业时的考虑》的毕业作文中，认为选择职业时仅仅从利己主义原则出发的人，绝不能成为伟大人物，也不能得到真正幸福。一个人只有决心为人类服务，为人类绝大多数人谋幸福，才是高尚的人，才能得到真正的幸福，才具有不可摧毁的精神力量。

中学毕业后，马克思怀着探索真理、掌握科学和艺术的决心，进入波恩大学。次年转到柏林大学，遵照父亲的意愿，他学习的专业是法律，但他后来把主要精力放在哲学上了,法律只当作自己一个兼修专业。他“专攻哲学”，一方面是适应当时革命斗争的需要，因为当时反对封建专制制度的斗争，主要是在哲学领域中进行；另一方面也是为了确立正确的世界观和方法论，以便深入研究法律和其他科学。

在大学时，马克思开始研究黑格尔哲学，参加柏林大学黑格尔派“博士俱乐部”活动，同青年黑格尔派的著名人物布鲁诺·鲍威尔、卡尔·科本等建立了联系，这个时期，他大量阅读黑格尔的著作，深入到黑格尔的哲学大厦中，在那里发现了闪烁着天才光芒的辩证法。1841年春，他写成毕业论文《德谟克利特和伊壁鸠鲁自然哲学的差异》，获耶拿大学哲学博士学位。论文表明他对黑格尔哲学有着精湛的研究，在学术思想上已经比黑格尔哲学和青年黑格尔派大有进步。

大学毕业后，马克思在波恩大学任教，同布·鲍威尔共同编辑《无神论文库》。但由于普鲁士国王威廉第四登上王位后，反动统治加强，一些进步学者被迫离开大学，鲍威尔也被解除波恩大学教授的职务，这使马克思不得不放弃在大学任教的计划。于是，他把“批判的热情”转到新闻界，参加刚刚创建的莱茵地区资产阶级激进派机关报《莱茵报》的工作，决心以报刊为武器，对封建专制制度进行斗争。

马克思在《莱茵报》发表论文，尖锐抨击普鲁士政府颁布的新书报检查令，并坚决捍卫“政治上和社会上备受压迫的贫苦群众的利益”。

从 1842 年 8 月 15 日起，马克思正式担任《莱茵报》主编。他主持编辑部期间，报纸的革命民主倾向日益浓厚，在社会上影响不断增大。

1843 年 3 月 17 日，普鲁士反动政府查封了《莱茵报》，马克思利用这个时机从社会舞台退回书房。6 月 19 日，他与燕妮在克罗茨纳赫结婚，圆了七年相思梦。

1843 年 10 月，马克思和燕妮来到法国巴黎。在这里，他参加了工人运动，并且认真研究历史，研究无产阶级运动的经验，思想认识和政治立场发生了根本的变化。1844 年 2 月，他在自己主编的《德法年鉴》上发表的《论犹太人问题》《黑格尔法哲学批判导言》等文章中，论述了以解放全人类为目标的社会主义革命的必要性和无产阶级的伟大历史使命，要求先进哲学和无产阶级革命结合起来，强调对资本主义社会要进行武器的批判。这表明，他已经完成从唯心主义到唯物主义、从革命民主主义到共产主义的伟大转变，成为一个真正的共产主义者。

恩格斯第一次会见马克思后，回忆往事时写道：1842 年 10 月以前，马克思在波恩；我在 9 月底或 10 月初从柏林归途中顺路访问了编辑部（指《莱茵报》编辑部），据我记忆，当时在那里的只有莫·赫斯和曾任《爱北斐特日报》（好像当时它叫别的名称）编辑的腊韦博士；我记得鲁滕堡当时已经被逐，不过这一点我没有把握。11 月底，我赴英国途中又一次顺路到编辑部去时，遇见马克思，这就是我们十分冷淡的第一次会面。马克思当时正在反对鲍威尔兄弟，即反对把《莱茵报》搞成主要是神学宣传和无神论等的工具，而不作为一个进行政治性争论和活动的工具；他已反对埃德加·鲍威尔的清谈共产主义，这种共产主义仅仅以“极端行动”的愿望作为基础，并且随后不久就被埃德加的其他听起来颇为激烈的言辞所代替。因为当时我同鲍威尔兄弟有书信来往，所以被视为他们的盟友，并且由于他们的缘故，当时对马克思抱怀疑态度。

这一次会见，情况就完全不同了。当时，他们两人通过不同途径都已经完成从唯心主义到唯物主义、从革命民主主义到共产主义的转变。在《德法年鉴》上发表的文章中，两人已经相互了解彼此的观点，马克思十分赞赏恩格斯的《政治经济学批判大纲》，恩格斯对马克思关于资产阶级革命的局限性和无产阶级解放全人类的伟大历史使命的论述有着深刻的印象。

他们的交谈，政治和理论问题上的观点完全一致。彼此都处于亢奋状态，认为对方是自己志同道合的战友。

恩格斯被马克思留居十天，他们形影不离，短短的十天，马克思让他结识了在巴黎的工人社会主义革命活动家，还带他参加工人社会主义者集会，他们还制定了今后共同行动的计划。

十天里，他俩开始动手合作第一部著作——《神圣家族》。恩格斯在马克思家里就已完成了他分担写作的七节。马克思在恩格斯离开巴黎后，又花了三个月时间完成了这本著作。这部著作是他们共同创立科学社会主义的开始。

马克思和恩格斯的雕像，德国柏林“马克思—恩格斯广场”

恩格斯在《神圣家族》中指出，青年黑格尔派中所谓纯粹的、抽象的理论批判，反对实实在在的实践，表明他们深深陷于唯心主义的泥坑中。他说，法国和英国的共产主义，不仅对资本主义进行理论批判，而且贯穿着实践，“他们的共产主义是这样一种社会主义，在这里面他们提出了明显的实际措施，这里面不仅体现着他们的思想，并且更主要的是体现着他们的实践活动。因此，他们的批判是对现存社会的生动的现实的批判，是对‘颓废’原因的认识”。

这些日子，马克思的佣人和管家琳衡显得特别无忧无虑，兴致勃勃。她给他们倒茶水，总爱在他们畅谈的房间里停留片刻，也被扑面的气氛所感染。她发现这位黄头发的客人不像其他绝大多数流亡者那样身无一文，到这里常常只是为了吃饱肚皮。恩格斯则完全不一样，他不仅给了她足够的钱采购菜肴，临别时还留下了礼物和一大把法郎给他们作生活补贴。

“这就是那个你后来常给我提起的、家乡的那位‘商人的儿子’弗里德里希吧？”客人离开后，燕妮故意问马克思。

“这个弗里德里希可不是那个弗里德里希呀！”马克思高兴地擦着手掌说，“恩格斯是一个有学问的天才的著作家！也是很可以成为世界上第一流的学者的！”

这十天，马克思在恩格斯的记忆里留下了更深刻的美好的回忆，他来信说:“我还从来没有一次像在你家里度过的十天那样心情愉快，感到自己真正是人。”恩格斯一当感觉到马克思和他的一家浓郁的人情味，倍感马克思是位名不虚传的政治和学识上的了不起的人物，是他人生难逢的知己，在马克思信中也预感到这位黑胡子博士，有能耐给人类受剥削的无产阶级带来光明……

一部八十五年后才出版的书稿

恩格斯在巴门的共产主义宣传活动受到了政府的监视,加上家庭的原因,他不愿和父亲争吵,尤其是不想和他深爱的母亲争吵。他写信对马克思说:“做生意太讨厌，巴门太讨厌，浪费时间也太讨厌，而特别浪费的是不仅要做资产者，而且还要做工厂主，即积极反对无产阶级的资产者。”

1845 年 4 月，恩格斯从巴门来到比利时的布鲁塞尔，迁往马克思居处不远，同马克思一起工作和生活。恩格斯在圣若塞—汤・诺德工人区同盟路七号租了一所房子。同年，玛丽・白恩士离开英国，迁往这里和恩格斯住在一起。

随《英国工人阶级状况》的脱稿出版，恩格斯和玛丽这对年轻人的爱情也走向成熟。他们一起在曼彻斯特工人区的调查生活，终于促成缔结婚姻，在这里建立了美满的家庭。

马克思和恩格斯两个家庭开始密切来往，一对良朋好友第一次作为邻居一块共同生活。他们于同年 7 月中旬去英国旅行，恩格斯带马克思到曼彻斯特和伦敦走访。这年，马克思和恩格斯回布鲁塞尔，开始第二次合作，撰写重要著作——《德意志意识形态》。

工人住宅区的一对邻居，灯光夜长明。有时，恩格斯干脆同马克思同桌伏案，马克思写，恩格斯抄，恩格斯会直言不讳提出问题，有时两人相对会心地大笑。

他们在《德意志意识形态》中，不仅批判了黑格尔以后各派哲学社会主义体系科学上的错误，而且还第一次揭露了他们不同的社会经济根源，论证了工人阶级一定要有一个科学的世界观成为他们的行动指南。

马克思和恩格斯对唯心主义历史哲学进行批判，从根本上驳斥了现实世界是观念的产物的错误观点，论证了物质是第一性的。

他们在全书的第一章里就回答了德国第一个工人革命组织——正义者同

盟内部正热烈争论的几个问题：共产主义的目的是什么？人类在什么时候才能进入共产主义？如何建设共产主义？哪一个阶级能把人类领进共产主义？

书稿第一次以相对比较完整的方式阐述了他们的辩证唯物主义的历史观，揭示了人类社会发展的最普遍的运动规律，论证了共产主义的胜利是历史的必然，并发展了以科学论证为基础的关于共产主义社会的思想。

他们还在书稿中研究了生产力发展和生产关系之间的规律性关系，用生产力和生产关系的矛盾来揭示社会发展的主要推动力，还简述了人类社会发展的主要阶段，并第一次指出了工人阶级夺取政权的必要性。

两人经过半年的努力，1846 年 5 月，书稿已基本脱稿。书稿原定在德国出版。可是马克思和恩格斯在那里却找不到出版商和印刷商。1847 年，恩格斯还力争把它发表出来，但一再遭到拒绝，当寻找出版商的一切努力都归于失败后，恩格斯和马克思就中断了这本书稿的写作。

马克思风趣地对恩格斯说："既然我们已经达到了我们的主要目的——自己弄清问题，我们就情愿让原稿留给老鼠的牙齿去批判吧！"

马克思逝世后，这部手稿"没有被老鼠啃掉，而是被恩格斯妥善保存了下来，以后也在他的著作中常常利用这部稿子。《德意志意识形态》的完整版本，直到 1932 年才在苏联出版，整部手稿的出版前后历时 85 年。

第一部著作及第一批稿酬

1844年夏天，恩格斯回到阔别两年的故乡，十分惊奇地发现这里已经发生了巨大的变化。几年前，这里的人们几乎从未听说过社会主义和共产主义。时隔两年，社会主义和共产主义思想已在社会各个阶层广泛传播，每天都在占领更多的阵地。共产主义的支持者中有商人、厂主、律师、官吏、医生、编辑、土地承租人等。作为社会主义政党依靠力量的工人阶级也不再那样昏睡不醒，极端穷困、日益严重的失业激起了工人的强烈不满。

同年6月，西里西亚纺织工起义发出了信号，波希米亚和萨克森的印花工人和铁路建筑工人，柏林的印花工人以及其他地区的产业工人纷纷响应。无产阶级运动已经以惊人的速度展开了。恩格斯对此十分高兴，立即向马克思和英国的同志通报情况。他写信对马克思说：我在科伦逗留了三天，我们在那里展开的巨大的宣传工作，使我惊奇。那里人们非常活跃，但也明显地表现出缺少必要的支柱。只要我们的原则还没有从以往的世界观和以往的历史中逻辑地和历史地作为二者的必然继续在几个著作中发挥出来，人们就仍然不会真正清醒，多数人都得盲目摸索。他强调指出，必须到群众中去，直接接触和影响群众，只有这样，我们才会很快取得优势。

1845年2月8日和15日，恩格斯在家乡火热的革命斗争中，先后两次在自己读高中的爱北斐特共产主义集会上发表演说，批判资本主义制度，阐明共产主义代替资本主义的历史必然性。

与此同时，1844年秋至1845年3月中旬，恩格斯抽每天参加宣传活动的空隙，整理他同玛丽·白恩士一起在英国实地调查和收集的工人情况，“向全世界控诉英国资产阶级所犯下的大量杀人、抢劫及其他种种罪行”，撰写论述工人阶级伟大历史作用的重要著作——《英国工人阶级状况》。

恩格斯指出："工人阶级的状况是当代一切社会运动的真正基础和出发点，因为它是我们目前社会一切灾难的最尖锐最露骨的表现。"研究工人阶级状况，揭示资本主义社会两个阶级即无产阶级与资产阶级利益对立的实质，粉碎资产阶级学者所谓劳资利益一致的谬论；可以通过工人阶级非人生活的种种事实，揭露资本主义雇佣奴隶制的剥削罪恶，阐明推翻资本主义的必要性和必然性；可以从大工业为工人阶级造成的劳动和生活条件中，了解工人阶级的伟大历史使命，为科学社会主义提供可靠的根据。

《英国工人阶级状况》从唯物主义历史观出发，考察了英国工人阶级的产生和发展。恩格斯指出，18 世纪后期，英国出现了产业革命，纺织机和蒸汽机的发明，使纺织、煤矿、冶金、机械制造等生产部门发生了根本的变革。机器代替了手工工具，工厂代替了作坊，迅速发展起来的社会生产力改变了整个社会的阶级结构，把居民中间的一切差别归结为工人和资本家之间的对立。

工人阶级的诞生是产业革命最重要的结果。由产业革命造成的工人阶级，被剥夺了生产资料和生活资料。他们一贫如洗，只靠工资生活，没有任何财产，甚至连虚假的财产（例如一小块租来的土地）也没有，变成了真正的无产者，他们摆脱了人身依附，表面上看来好像是"自由"的，可以自由出卖自己的劳动力。这完全是一种假象。正如恩格斯所说："好一个自由！无产者除了接受资产阶级向他们提出的条件或者饿死、冻死、赤身露体地到森林中的野兽那里去找一个藏身之处，就再没有任何选择的余地了。"

恩格斯在《英国工人阶级状况》中还阐明了，工人阶级如何由于他们本身的状况而同资产阶级站在毫不调和的对立的地位；他们非人的生活，是资本主义私有制的结果，工人阶级不只是一个受苦的阶级，而且有着伟大的历史作用；工业发展开始后不久，工人对资产阶级的反抗已经表现出来，并经过各个不同的阶段；社会革命是不可避免的。

恩格斯以英国为例，论证了一个合乎规律的客观事实：工人们通过参加本阶级反抗资产阶级的有组织的斗争，就可以使自己的性格得到最好的最迅速的发展。他说，放弃斗争就会意志颓废，就是"温驯的屈服于自己的命运，老老实实，随波逐流，不关心世界上发生的事情，帮助资产阶级把束缚工人阶级的锁链锻得更结实。”

《英国工人阶级状况》中从头至尾贯穿着一种思想：未来属于工人阶级，无产阶级则是“国家力量所系并能推动国家向前发展的阶级”。

1845 年 3 月中旬，全书的撰写整理工作结束，随后手稿寄往莱比锡，5 月底，《英国工人阶级状况》首次由奥托·维干德的出版社发行。

这是恩格斯第一部经典著作，马克思对他的这部著作十分重视，后来在《资本论》中多次提到“请阅读弗里德里希·恩格斯的《英国工人阶级状况》”，并大量引用了其中的调查材料。后来马克思给恩格斯的信中写道，《英国工人阶级状况》的主要内容，连细节都已经被 1844 年以后的发展所证实了。他还说：“这本书写得多么清新、热情和富于大胆的预料，丝毫没有学术上和科学上的疑虑！连认为明天或后天就会亲眼看到历史结果的那种幻想，也给了整个作品以热情和乐观的色彩。”

正在恩格斯的《英国工人阶级状况》将要脱稿的 2 月，马克思这位政治流亡者，迫于普鲁士的压力，被法国政府驱逐巴黎及法国国境。恩格斯知道这个消息后心里极为不安。

马克思因资金的困难，只好一人离开家庭和孩子，因付不起琳蘅的工资也只好把她安排回特利尔家乡去。

他一个人流亡布鲁塞尔已两个月了，因手里没钱，还一直在极低廉的旅馆落脚，找不到住房，连坐落丘陵峡谷中的住宅也不能住上。眼下，在巴黎的妻子和出生不久的孩子还要急着过来……

一天，无望中，马克思突然收到了恩格斯寄来的钱和信：

“我一听到你被驱逐的消息，就认为有必要立即进行募捐，以便按共产主义方式让我们大家分担你因而支出的意外费用。这件事办理很顺利。三星期前，我给荼克寄去了五十多个塔勒，也给杜塞尔多夫的人写了信，他们也已经筹到同样数目的款子；在威斯特伐利亚，我已经委托赫斯发起了这方面的必要的宣传……

“因为我不知道，这些钱够不够你在布鲁塞尔安顿下来，不言而喻，我是万分乐意把我的第一本关于英国的书——《英国工人阶级状况》的稿酬交给你支配的，这本书的稿酬我不久至少可以拿到一部分，而我现在不要这笔钱也过得去，因为我会向我的老头借钱。至少不能让那帮狗东西因为卑劣手段使你陷于经济困境而高兴。还有人逼你预付房租，也确是可恶至极。

但是，我所担心的是，在比利时他们终究也会找你的麻烦，最后，你只有英国可去了。”

马克思收到了恩格斯第一本关于英国书的第一批稿酬，手在颤抖。人在黑暗中摸索的时候，见到了光明，触摸到一颗滚烫的朋友的心……泪水夺眶而出，流进蓬乱的黑胡子里，流在朋友的信笺上……

第一个无产阶级政党

马克思恩格斯完成了从革命民主主义到共产主义转变以后，把创建无产阶级政党的任务提到了首要地位。恩格斯认为："要使无产阶级在决定关头强大到足以取得胜利，无产阶级就必须（马克思和我从1847年以来就坚持这种立场）组成一个不同于其他所有政党并与他们对立的特殊政党，一个自觉的阶级政党。"

他们于1846年初在布鲁塞尔建立共产主义通讯委员会，并与德国许多城市及英国、法国、荷兰、丹麦等国的社会主义组织建立联系，交换情况，研究斗争策略，指导各地工人运动和民主运动的发展。这样，马克思和恩格斯从思想上、理论上、组织上为建党作了充分准备。

1847年1月20日，马克思家里突然来了个德国同胞，原来是德国正义者同盟派遣的一位重要代表人物——莫尔来找马克思。

"我是代表我们同盟来的。"来者比平时略显谦逊地说，"我们深信你的见解的正确，也同样深信有必要使同盟从旧的、密谋的传统的作风和形式中解放出来。如果您加入同盟事务的领导，您就有机会在同盟大会上把您的批判性的共产主义写进一个宣言中去，这个宣言将作为同盟的正式宣言予以公布，然后我们也促进用一个新的、合乎时代和目的的组织去代替同盟的旧组织。"

马克思听到了这个消息非常愉快，他知道祖国的同盟组织已开始认识了自己政治上的不足。他立即写信告诉正在巴黎逗留的恩格斯，把自己的想法也告诉了他。

在此以前，马克思恩格斯曾经谢绝了邀请他们入盟的建议。因为他们不同意在同盟中流行平均共产主义理论和密谋活动的方式。这次经过莫尔的说明，邀请马克思和恩格斯两人改组同盟，这充分说明同盟领导人思想观点已经发生重大转变，用科学社会主义改组同盟的条件已经成熟。他们欣然接受了入盟的邀请。

正义者同盟得到马克思恩格斯的支持后，于 1847 年 6 月 2 日在伦敦召开同盟第一次代表大会。

恩格斯和威廉·沃尔夫从巴黎赶到伦敦。恩格斯代表巴黎组织，威廉是代表马克思所在的布鲁塞尔组织来的。当时马克思家庭经济遇上特别困难，未能参加这次大会，他一再写信告诉恩格斯，“有你们俩去参加会议，我就什么都放心了！”

大会期间，恩格斯多次发言阐述科学社会主义原理，主持许多重要文献的起草和审定工作。

大会把正义者同盟改名为共产主义者同盟。

大会根据恩格斯的提议，用“全世界无产者，联合起来！”的新口号，代替原来阶级观点模糊的“人人皆兄弟”的旧口号。这是代表大会的一个重要成果。新口号体现了无产阶级共同的世界观、共同的阶级利益、共同的奋斗目标和无产阶级革命的国际性。从此，这个响彻云霄的口号成了全世界无产阶级团结战斗的誓言。

1890 年 5 月 1 日第一次集会讨论国际劳动节的时候，恩格斯在回忆国际共产主义运动的光辉历程时十分自豪地写道：“全世界无产者，联合起来！”——当四十二年前我们在巴黎革命即无产阶级带着本身要求参加的第一次革命的前夜向世界上发出这个口号时，响应者还寥寥无几，可是，1864 年 9 月 28 日，大多数西欧国家中的无产者已经联合成为流芳百世的国际工人协会了。固然，国际本身只存在了九年，但它所创立的全世界无产者永久的联合依然存在，并且比先前任何时候更加强固，……今天的情景定会使全世界的资本家和地主知道，全世界的无产者现在已经真正联合起来了。

大会通过了由恩格斯参加起草的《共产主义者同盟章程（草案）》。其中第一条指出：“同盟的目的：通过传播财产公有的理论并尽快地求其实现，使人类得到解放。”这一条虽然带有空想共产主义的思想痕迹，但它表明了无产阶级消灭私有制，建立公有制，实现共产主义——人类彻底解放的要求。章程规定，同盟分为支部、区部和中央委员会。

大会热烈讨论了同盟纲领。恩格斯向到会代表详细地阐述了他与马克思创立的科学社会主义理论，为大会起草了一份包括二十二个问题的《共产主义信条草案》。恩格斯在《信条》中指出：共产主义者的目的是，把社会组织成这样：使社会的每个成员都能完全自由地发展和发挥他的全部才能和力量；为了达到这个目的，必须废除私有财产，代之以财产公有；这种财产公有必须建立在因发展工业、农业、贸易和殖民而产生的大量的生产力和生活资料的基础之上，建立在因使用机器、化学方法和其他辅助手段而使生产力和生活资料无限增长的可能性的基础之上。他还强调指出：革命不是随心所欲制造出来的，共产主义不能通过任何密谋来实现；但我们也看到，世界上几乎所有国家的有产阶级都用暴力压制无产阶级，因此，无产阶级必须采取革命的方式来捍卫自己的解放事业。

大会上许多代表赞同恩格斯的观点。但鉴于公开宣布同盟原则的意义重大，代表大会认为必须十分慎重，不应操之过急。最后决定把《信条》发给各级地方组织进行讨论、修改、补充，使其具有更高的科学性和稳定性。

共产主义同盟第一次代表大会取得了重大成就，但同盟改组工作才刚刚开始。大会后，马克思和恩格斯为同盟改组，巩固会议成果，扩大同盟积极工作。

1847 年 8 月 5 日，布鲁塞尔成立同盟支部和区部，马克思当选为区部主席。

同盟中央的领导人认识到，要克服组织内部的思想混乱，要制订一个科学的纲领，要建立一个真正的无产阶级政党，必须依靠马克思恩格斯。会议期间，马克思在家赶写的《哲学的贫困》脱稿，会后一二十天，《哲学的贫困》正式出版，书中有力回击了蒲鲁东的“贫困的哲学”。同盟中央领导人从《神圣家族》《英国工人阶级状况》《哲学的贫困》等著作中，从恩格斯在第一次代表大会的活动中，从马克思直接领导的布鲁塞尔支部和区部的工作中，充分了解马克思恩格斯的理论观点的正确和组织工作的坚强有力。因此，他们迫切希望马克思和恩格斯都能亲自参加同盟第二次代表大会。

1847 年 11 月 29 日，共产主义者同盟第二次代表大会在伦敦开幕。马克思恩格斯亲自出席大会。恩格斯当选为大会秘书，并与马克思一起在大会上就科学社会主义原理作了精彩的发言。经过长时间的辩论，马克思恩格斯的学说得到来自各国的工人代表们的拥护，“所有的分歧和怀疑终于都消除了，一致通过了新原则。”大会委托马克思恩格斯起草一份公开发表的共产主义宣言。

根据各地盟员讨论的情况，大会修改和通过同盟章程。其中第一条以更加准确的文字表达了同盟的目的："推翻资产阶级政权，建立无产阶级统治，消灭旧的以阶级对抗为基础的资产阶级社会和建立没有阶级、没有私有制的新社会。"

恩格斯在大会上留给人以深刻的印象。第一次见到恩格斯的列斯纳写道："恩格斯身材魁梧匀称，举止敏捷稳健，谈吐简洁有力，气概英武，好像军人一样。他是一个非常乐观的人。他的诙谐都非常中肯。凡是和他接触的人，立刻就会得到一种印象：这是一个天赋极高的人。"

"铛——"

伦敦议院尖塔上悦耳的钟声，从隐约可见的钟塔传到大街，越过泰晤士河……

恩格斯从这两次代表大会鸣响的伦敦洪钟联想得很远很远……他似乎记起了孩提时第一次听到巴门教堂塔顶的钟声，一切是那么新鲜，一切是那么神圣——

伦敦上空的钟声一次比一次响亮、悠扬。经过两次共产主义者同盟代表大会的召开，共产主义者同盟建立和巩固起来了，人类第一个无产阶级政党诞生了，国际共产主义运动从此掀开崭新的一页！

《共产党宣言》问世

共产主义者同盟第二次代表大会接受马克思和恩格斯学说，委托恩格斯起草“一个准备公布的周详的理论和实践的党纲”。

制订科学的党纲，向全世界公开申明党的理论和策略，对于第一个无产阶级政党来说，具有极其重大的意义。第一次代表大会上就讨论过这么一些问题：什么是共产主义？共产主义者所向往的是什么？用什么方法可以最迅速而可靠地实现集体的生活方式？

马克思、恩格斯十分重视制订党纲的工作，恩格斯在第一次代表大会上提出了《共产主义信条草案》，并认真听取代表提出的意见，继续研究共产主义革命的理论问题，恩格斯写信告诉马克思：“对莫泽斯（即赫斯）我开了一个很厉害的玩笑（此事请保密）。他的确写成了一篇绝妙的教义问答修正稿。而我在上星期五的区部会议上对这篇稿子按问题逐个进行了分析，我还没有来得及谈到一半，大家就表示满意了。在没有任何反对的情况下，委托我草拟一篇新的教义问答在本星期五的区部会议上进行讨论，并且要背着各支部直接寄往伦敦。”恩格斯接受巴黎区部的委托，用大约一周时间写成了《共产主义原理》。在同盟第二次代表大会开幕前夕，他把《原理》的内容要点写信告诉马克思：“我开头写什么是共产主义，随即转到无产阶级——它产生的历史，它和以前的劳动者的区别，无产阶级和资产阶级之间的对立的发展、危机、结论，其中也谈到各种次要问题，最后谈到了共产主义者的党的政策中应当公开说明的那些内容。”由于事情关系到同盟指导思想的问题，恩格斯与马克思在赴伦敦参加代表大会的途中于奥斯坦德会面，对党纲和其重大问题作详细商讨，取得完全一致的意见。

《共产主义原理》是继《共产主义信条草案》之后，恩格斯草拟的共产主义者同盟纲领的第二个稿本。《原理》是在《信条》的基础上写成的。《信条》

提出的22个问题，有一半在《原理》中保留下来，其中有些问题保留了原来的答案，有些问题则进行了改写和补充。同《信条》相比,《原理》增加了许多重要的问题，内容更丰富，叙述更准确，结构更严谨。

恩格斯对未来共产主义社会作了科学的概括和描述，他说:“废除了私有制的共产主义社会，将消灭私有制所造成的一切有害后果，代替它的是社会全体成员共同使用全部生产工具，由共同联合体有计划地尽量利用生产力；把生产发展到能够满足全体成员需要的规模；消灭牺牲一些人的利益来满足一些人的需要的情况；消灭阶级和阶级对立，通过消除旧的分工，进行生产教育，变换工种等，使社会全体成员的才能得到全面发展。”

《共产主义原理》与《共产主义信条草案》比较，不仅内容更加丰富，而且理论上更加成熟。例如《信条》在回答:“用什么方法可能实现从目前状况到财产公有的过渡？”时说:“实行财产公有的第一个基本条件是通过民主的国家制度达到无产阶级的政治解放。”在《原理》中对这个问题的回答是:“首先无产阶级革命将建立民主制度，从而直接或间接地建立无产阶级的政治统治。”用“政治统治”代替“政治解放”，具有极其深厚的意义。所谓政治解放，是指资产阶级民主革命。政治统治即为无产阶级直接掌握国家领导权。只有实现政治统治，才能消灭私有制，建立共产主义新社会。这里，我们看到了马克思列宁主义在国家问题上的一个最卓越的思想——无产阶级专政思想的萌芽。

在《共产主义原理》中，恩格斯把共产主义与无产阶级解放事业联系起来，把实现共产主义与进行无产阶级的阶级运动联系起来，并从资本主义物质生产条件说明无产阶级与资产阶级的对立，共产主义的必然性和无产阶级在消灭私有制、创建新社会中的作用，从而与空想社会主义划清了界限。

恩格斯对《共产主义原理》采取教义回答形式不太满意，他认为这种形式不适合党纲的要求，因而没有提交代表大会讨论。但《原理》阐述的基本原则都是正确的，而且写得非常生动而明确。

《共产主义原理》为《共产党宣言》做了准备。当共产主义者同盟在第二次代表大会委托马克思恩格斯起草党纲时，他们在伦敦就开始研究写作方案。1847年12月，两人先后回到布鲁塞尔，又进一步研究《宣言》的内容、结构与表达方式，拟定《宣言》大纲。12月底恩格斯赴巴黎。马克思大约用一个月时间写完《共产党宣言》这部伟大著作。在写作过程中，他充分利用《共产主义原理》，并且按照恩格斯的意见，采用宣言的形式而不是传统的教义问答的形式来阐述新原则。

比利时布鲁塞尔的“天鹅之家”，马克思、恩格斯撰写《共产党宣言》的地点

《共产党宣言》的基本思想是包括社会生活在内的彻底唯物主义，其主要内容是：人类的全部历史（从原始土地公有制解体以来）都是阶级斗争的历史，这个历史包括有一系列发展阶段，现在已达到这样一个阶段，即被剥削被压迫的阶级（无产阶级），如果不同时使整个社会一劳永逸地摆脱任何剥削、压迫以及阶级划分和阶级斗争，就不能使自己从剥削和统治它的那个阶级（资产阶级）下解放出来。

在《宣言》中，马克思恩格斯运用唯物主义的历史观分析了人类社会规律，指出阶级斗争是阶级社会发展的动力。人类社会是从低级阶段向高级阶段发展的；随着资本主义的发展壮大的无产阶级，肩负推翻资本主义的制度和建立没有剥削、没有阶级的社会主义、共产主义新制度的伟大历史使命；无产阶级必须夺取政权建立无产阶级专政，才能完成自己的伟大历史使命；无产阶级必须组成一个自觉的阶级政党，必须依靠无产阶级的国际大团结。

《宣言》庄严宣告：共产党人认为隐瞒自己的观点和意图是可鄙的事情。他们的目的，只有用暴力推翻资本主义社会制度才能达到；“让那些统治阶级在共产主义革命面前颤抖吧，无产者在这个革命中失去的只是自己颈上的锁链。而他们所能获得的却是整个世界。”

《宣言》的手稿于 1847 年底寄到伦敦、第一版于 1848 年 2 月法国二月革命的时候问世。《宣言》初版没有署名。1851 年第一个英译本在宪章派杂志《红色共和党人》上发表时，编者在序言中第一次提到作者的名字。从此，马克思恩格斯的名字与《宣言》紧密连在一起。

《共产党宣言》问世后，很快被译成德文、波兰文、意大利文、丹麦文、佛来米文和瑞典文等文字。正如恩格斯所说：“在这部社会主义文献中，《共产党宣言》是传播最广和最带国际性的著作，是从西伯利亚起到加利福尼亚止的四百万工人公认的共同纲领。”

这本科学社会主义的出生证开创了国际共产主义运动的新纪元。劳动人民作为一个阶级推翻资产阶级剥削统治的战斗，在《宣言》的诞生地拉开了血与火的序幕——

点燃万道霞光

《共产党宣言》送伦敦第一次印刷，发行前后，1848 年欧洲各国爆发了波澜壮阔的资产阶级民主革命运动。

1 月 12 日，意大利巴勒摩起义，揭开序幕。

2 月 25 日，巴黎工人推翻路易·菲力浦王朝，建立法兰西第二共和国。

奥地利、普鲁士、捷克、匈牙利……革命连连爆发，战火照亮半边天。

资产阶级民主革命在欧洲各国连连取得战绩，面对风起云涌的人民革命运动，恩格斯精神振奋，棕色的头发像燃起一把火炬，他奔波于比、法、德、瑞各国，为打倒封建反动势力冲锋陷阵，成为德国和全欧革命民主的灵魂。

他在咆哮的革命热潮中又不时冷静地思索着。其实，资产阶级并不希望革命，他们只是力图通过同旧统治势力达成妥协的办法，来掌握一部分政治权力并获得更有利的经济条件。恩格斯清楚地看到了革命中资产阶级的懦弱，他提醒人们要防止犯错误。谈到普鲁士的统治权应该属于谁时，恩格斯回顾了 1847 年的一些政治事件后，指出：资产阶级势必要按照他们的利益来变革社会。共产主义者、工人将容许资产阶级获得这一胜利。但是如果资产阶级以为他们一旦胜利，世界就会最后改变面貌，那他们就错了。恩格斯宣告说，因为资产阶级的背后到处有无产阶级，诚然，首先必须进行反对君主专制的斗争，必须通过资产阶级革命来创立无产阶级为解放自己所需要的物质基础。恩格斯在《1847 年的运动》这篇文章的结束语中转过来对资产阶级说："你们可以支配法律，作威作福。你们可以在王宫中欢宴，娶艳丽的公主为妻，可是别忘了'刽子手就站在门前'。"

恩格斯是在布鲁塞尔听到法国二月革命的消息的。在此之前，他由于在巴黎德国手工业者 1847 年除夕联欢会上发表演说，被法国基佐政府驱逐出境，于 1848 年 1 月 31 日到达布鲁塞尔。2 月 25 日晚，整个布鲁塞尔处在激动之中。恩格斯像所有的人一样，十分焦急地等待从巴黎来的最新消息，深夜 12 点半，到站的列车终于带来巴黎人民推翻路易·菲力浦王朝的喜讯。

“共和国万岁！”口号像一阵潮水，响彻布鲁塞尔全城。

恩格斯为巴黎无产阶级的胜利彻夜疾书：“我们的时代，民主派的时代来到了。在土伊勒里宫和皇家之宫燃起的火焰，是无产阶级的朝霞。现在，资产阶级的统治到处都要崩溃、被推翻。”他还指出：“由于这次革命获胜利，法国的无产阶级又成了欧洲运动的领袖。荣誉和光荣属于巴黎的工人们！”资产阶级已经完成了自己的使命。今后的斗争，再也不是一部分资产阶级同另一部分资产阶级相对峙，而是无产阶级同资产阶级相对峙了。

二月革命震撼了整个世界，法兰西共和国的胜利是全欧洲民主派的胜利。恩格斯预言，欧洲其他国家，首先是德国，必将步法国的后尘。德国的资产者和小市民由于害怕无产阶级而表现出胆怯、犹豫和动摇，但是如果德国封建统治者把自己最大的希望寄托在资产者和小市民害怕行动的心理上，他们就大错而特错了。德国革命是不可避免的。挑起革命重担的不是胆怯的德国庸人，而是日益壮大的无产者，“他们将起来彻底结束肮脏的和摇摇欲坠的德国当局的统治，而通过激进的革命来恢复德国的荣誉。”

1848 年 3 月初，德国各地发生群众性示威。消息很快证实了恩格斯的预言。3 月 10 日，恩格斯写信告诉已经到达巴黎的马克思：

“德国到处的消息很好。在拿骚，是一次成功的革命；在慕尼黑，大学生、艺术家和工人正进行认真的起义；在加塞尔，革命一触即发；在柏林，是极度的恐慌和动摇；在整个西德意志，已宣布出版自由和建立国民自卫军。目前这样已经足够了。”

“……就让弗里德里希·威廉四世仍然顽固下去吧！那时一切都赢得了，过几个月就会发生德国革命。看他敢牢牢抓住自己的封建形式不放！不过鬼才知道这个可笑而疯狂的家伙会干出什么事来。”

1848 年 3 月 13 日，奥地利首都维也纳爆发武装起义，奥皇被迫罢免反动首相梅特涅。

3 月 18 日，柏林武装群众包围王宫，迫使国王威廉四世下令撤军停战，任命大资产阶级代表康普豪森·汉泽曼组织内阁。

到祖国去

法国二月革命爆发，设在伦敦的共产主义者同盟中央委员会，决定将自己的职权交给马克思领导的布鲁塞尔区部委员会，以便就近指导欧洲大陆的革命运动。这个决定传到布鲁塞尔时，当地已实行戒严，不可能将盟员尤其是德国盟员加以联合，同盟领导人不是已被逮捕或被驱逐，就是随时都有被驱逐的可能；而巴黎是整个革命运动的中心。因此，布鲁塞尔中央委员会 3 月 3 日作出决定：解散布鲁塞尔中央委员会，把中央委员会迁到巴黎，授权马克思在目前独自实现中央对同盟一切事务的领导；委托马克思亲自选择人员在巴黎成立新的中央委员会。

马克思于 3 月 5 日到达巴黎，3 月 8 日召开同盟巴黎支部会议，决定建立德国工人俱乐部；3 月 11 日在巴黎组成共产主义者同盟中央委员会。

马克思当选中央委员会主席，恩格斯当选中央委员，委员会的其他成员有：亨利希·鲍威尔、约瑟夫·莫尔、卡尔·沙佩尔、卡尔·瓦劳和威廉·沃尔弗。

马克思立即通知还在布鲁塞尔的恩格斯，告诉他当选的消息，并建议说："我劝你到这里来！"

随后的几天里，恩格斯忙于运送马克思由于匆匆起程而不得不留在布鲁塞尔的东西，并给自己筹措旅费。他回信把自己即将动身的消息告诉了马克思，信中还高兴地写道："德国的情况确实大好；到处起义，而普鲁士人并不让步。这就更好。希望我们在巴黎居留不久。"

恩格斯 3 月 20 日离开布鲁塞尔，第二天到达巴黎。这时，柏林人民获胜的消息也传到巴黎。

柏林的工人、手工业者、小市民和学生在街垒战斗中使普鲁士的军国主义遭到决定性的失败。弗里德里希—威廉四世受到了从来没有受过的"奇耻大辱”：他不得不遵照人民的吩咐，在王宫的阳台上向盛殓的街垒战阵亡战士致敬。

柏林的三月战斗成了德国资产阶级民主革命的最高潮。三月革命推毁了普鲁士封建专制制度。3 月 30 日任命了一个自由派的内阁。人民群众获了重大的民主权利。恩格斯谈到德国革命第一阶段的这个结果时说：

“革命的结果，一方面是人民有了武装，获得了结社的权利，实际上争得了主权；另一方面是保存了君主政体，成立了康普豪森—汉泽曼内阁，即代表大资产阶级的政府。”

“这样，革命就有了两种必然会背道而驰的结果。人民胜利了；他们获得了无疑是具有民主性质的自由，但是直接的统治权并没有转到他们的手中，而落入了大资产阶级的手中。”

“总而言之，革命没有进行到底。”

马克思和恩格斯共同分析德国形势。根据德国的现状，无产阶级必须表明自己的态度，提出把革命进行到底的纲领和策略。为此，马克思和恩格斯写了《共产党在德国的要求》十七条。

《要求》是以《共产党宣言》为依据的。两个文件贯穿一个思想。要求的第一条就是“全德国宣布为一个统一的、不可分割的共和国。”纲领在随后的各条中列举了巩固统一、民主的各项措施。要求所有年满 21 岁的公民都有不受任何限制的选举权和被选举权，同时要求发给人民代表以薪金，使德国工人也有可能出席国会。要求武装全体人民，以便能够对付任何反革命。法律制度应加以改革，诉讼免费，打破教育至今一直为统治阶级所垄断的状况，并保证每一个德国人都有同等受教育的机会。要求把一切矿井、矿山、私人银行和运输工具，以及各邦君主的领地及其他封建大地产收归国有。为了改善工人阶级的社会地位，民主国家应该建立国家工厂，以保证工人们最低生活，并给丧失劳动力的人以补助。《要求》所追求的目的是：剥夺贵族和容克地主阶级在政治上的权力，建立一个依靠资产阶级社会的民主力量，依靠工人阶级、农民、小资产阶级和部分民主资产阶级的政权，废除一切封建义务和租税，给农民指出一条从封建和容克地主的资本主义剥削中解放出来并努力建立工农之间紧密联盟的道路。

共产主义者同盟中央委员会及时通过《共产党在德国的要求》，并立即付印，十七条要求，于 3 月 24 日问世。

“组织在法国的德国共产党人，携带‘新式武器’，立即回到祖国去！”马克思恩格斯作出决定。

这时，住在巴黎的小资产阶级民主派卡尔·伯恩施太因和格奥尔格·海尔维格等人正在组织义勇军，准备用输出革命的办法解放德国。他们的活动得到法国临时政府的支持。赖德律·洛兰和拉马丁之流的资产阶级政客，对各国革命工人怀着先天恐惧心理，十分愿意资助工人离开巴黎。

马克思恩格斯坚决反对海尔维格等人把革命当作儿戏的冒险计划，认为当德国已经发生人民起义的时候侵入德国，从外面强行输入革命，实际上将对革命起着破坏作用。因此，他们说服工人不要参加义勇军团，动员工人单个行动，悄悄返回祖国，分散到全国各地参加和领导运动。

三四百名工人(多数为共产主义者同盟盟员)单个行动,平安返回了祖国。

海尔维格的义勇军团在进入德国境内后,遭普鲁士预先准备的重兵阻击,军团覆灭。

1848年4月5日，恩格斯与马克思、德朗克三人一道，从巴黎动身返回祖国。他们7日到达美因兹市，11日到达莱茵省首府科伦。

马克思这个曾被《莱茵报》驱逐离国的总编,回国后重操旧业,主办《新莱茵报》，继任总编。恩格斯协助马克思，担任《新莱因报》副总编。

他们在祖国的火热斗争生活又开始了……

在被通缉的日子里

《新莱茵报》上的文章像榴弹一样打击敌人，科伦和整个普鲁士的革命活动异常活跃。

恩格斯深入发动各阶层人民群众，组织城市工人与近郊农民建立联系，并努力把运动扩大到莱茵省其他城市。

1848 年 9 月 17 日，恩格斯参加在科伦以北沃林根附近举行的一次大规模的群众集会。除科伦的群众外，伊斯、杜塞尔多夫、克雷弗尔德、希特多夫、弗雷亨和莱因多夫的代表团也云集而来。人们不顾警察设置的种种障碍，不怕反动军队的大炮威胁，从陆路、水路会集大会会场。经过大会决议，成立了安全委员会，卡尔·沙佩尔当选为大会主席，恩格斯当选为大会秘书。根据恩格斯的提议，安全委员会通过决定：

"如果普鲁士和德国由于普鲁士政府反对国民社会和中央政权的决议而发生冲突，我们准备为德国而战，直到流尽最后一滴血。"

正在这时，传来了法兰克福国民议会通过普鲁士马尔麦休战协议的消息，法兰克福资产阶级代表背叛了人民。对此，恩格斯义愤填膺。

9 月 20 日，恩格斯在科伦民众大会上报告了法兰克福起义的经过。报告揭露了法兰克福所谓国民议会议员都是人民的叛徒，确认法兰克福的街垒战士为祖国建立了功勋，同时，群众在恩格斯的带领下，大家一致向法兰克福起义者欢呼致敬。起义被镇压后，9 月 25 日，《新莱茵报》编辑部的恩格斯、沃尔弗和毕尔格尔斯及沙佩尔都被起诉为"阴谋颠覆活动"。

连日来，普鲁士各大小报纸上登出了通缉告示："兹根据本市检查官发出的通缉令，即请各有关机关和官员，……密切注意查访恩格斯。"并要求一经发现，立即逮捕，解交科伦。通缉令上的"相貌特征"表明"弗里德里希·恩格斯；阶层：商人；籍贯：巴门；宗教信仰：新教；年龄：27 岁；身长：5 英尺 8 英寸；头发和眉毛：棕色；前额：正常；眼睛：灰蓝色；鼻和嘴：匀称；

牙齿：健全；胡须：褐色；下颚和脸：椭圆形；脸色：健康；身材：细长。”

9 月 26 日，科伦戒严。

9 月 30 日，恩格斯的住宅闯进几名武装警察，得到的只是一群聚集他住宅门前的民众一阵阵嘲笑声。

警察当局只逮捕到沙佩尔，恩格斯和其他人都已逃脱。

恩格斯在宣布戒严前就由德朗克陪同离开普鲁士。他的所有大件行李，连同一切衣服，都不得不留在科伦的寓所，连护照也没来得及带上，口袋里只有几塔勒的旅费。

他们成了乞丐，一路上由群众接济，好不容易才偷越边境，进入比利时。恩格斯和德朗克在比利时第一个城市维尔维埃把情况通知了马克思。随后又继续前往吕提希，再从吕提希奔赴布鲁塞尔。

谁知，通缉令也从德国科伦来到了布鲁塞尔，恩格斯和德朗克都被列入科伦逃亡的一份“黑名单”中。10 月 4 日，他俩都被逮捕，并被驱逐出境。比利时警察押送他们乘火车进入法国国境，他们 10 月 5 日到达巴黎。这时的巴黎不再是二月革命中那个欢乐、沉浸自由梦幻的城市了,这里短暂的“陶醉于共和国的蜜月中的时光”已经消逝。工人们没有面包，没有了武器，这里到处埋藏仇恨的种子。恩格斯说:“巴黎已经死了，这已不是巴黎了。”

“我必须走开，不管到哪里去都行。于是我先动身上瑞士去。因为我身边的钱不多，所以只好步行，并且我也不愿意选择最短的路程，因为我心里是不想轻易离开法国的。”

德朗克仍滞留在巴黎，恩格斯独自“一直信步往南走去。”

于是，有了他后来的《从巴黎到伯尔尼》这篇游记，记述他这次穿过法国中部的四十天漫游，遗憾的是这篇游记没有写完。

恩格斯还把沿途走过的路线绘在两张草图上。他在日记中生动地叙述了自己的旅程：首先顺着塞纳河向奥尔良进发，然后沿着罗亚尔河岸走，最后通过勃艮第。恩格斯惊叹法国风景的美丽和植物资源的丰富；他受到农民们的殷勤款待，亲眼看到勃艮第在 1848 年的葡萄大丰收。他写道:“在勃艮第，采集葡萄甚至比在莱茵地区还要快乐得多。一路上我尽碰见一群群非常快乐的人们，非常甜的葡萄和非常美丽的姑娘。”

恩格斯一路上喝了不少法国葡萄酒。他喝酒写酒：从波尔多酒到勃艮第酒，从勃艮第酒到圣若尔日烈酒、律内尔酒和南方的弗朗亭南酒，从南方的弗朗亭南酒到起泡沫的香槟酒，有多少种类呵！从普提—马康酒或沙布利酒到沙姆彼尔田酒、沙托—拉罗兹酒、索帖尔涅酒，到卢西利昂酒和起泡沫的阿伊酒，有多少种白的和红的葡萄酒呵！妙不可言的是：喝了其中的每一种酒都会产生一种别致的醉意，喝了几瓶酒以后就能使一个人的情绪发生各种各样的变化——从跳轻佻的四人舞到唱“马赛曲”，从跳康康舞的狂烈到革命热情的激发，最后，喝了一瓶香槟酒，又能鼓起人间最愉快的狂欢节的情绪！

恩格斯在科伦经历几个月的暴风骤雨之后，横越清新的法国农村，对他来说确实是另一种难得的享受。但在这五百多公里的长途旅行中，辛劳、穷困总是多于惬意的。加上恩格斯旅行时还带着一种清醒的政治目的在敏锐观察和游历法国。他在自己的旅途随笔中切中要害地论述了这个国家社会政治情况，并试图探索一下在这个国家里有没有可能出现一次新的革命热潮。

恩格斯像在工人区调查那样在注意着农民：农民的劳动负担沉重，他们生活状况的各个方面都是千篇一律，同时这些乡村居民的农民所有制意识已有所发展，他们过的是与世隔绝的生活。恩格斯从他在各村落所见到的情况说起，还简单地谈到直到 1848 年为止法国历史上农民的政治态度，指出这种政治态度正是他们的生活状况和所有制关系所带来的结果。

10 月下半月，恩格斯进入瑞士国境，10 月 24 日到达日内瓦，并立即从日内瓦给他家里和马克思写信。这时，他口袋里连邮票的钱也很难拿出了……

恩格斯的父母对报上登载通缉他们的长子的命令感到震惊，不过他们却并不怨恨反动派，相反，还为自己的儿子落到如此地步感到羞愧。

父亲接连给恩格斯写信，劝他到美国去，要他和那个叫“马克思”的特利尔之子分手，与共产主义断绝关系。

连母亲也写信说：她“从可靠的方面……”得悉“《新莱茵报》编辑部已经宣布说，即使你回去他们也不再接受你参与工作了。……你现在可以看清楚，你的朋友都是些什么人。”

在向父亲筹资办《新莱茵报》时，恩格斯说“他宁愿叫我们吃一千颗子弹，也不会送给我们一千塔勒”。眼看孩子处于逃亡乞讨的处境，父亲还是寄钱给了恩格斯，使他可以购置必要的衣服过冬，勉强度日。

马克思在自己手里很拮据的情况下，尽力帮助恩格斯。当他接到恩格斯急需要钱的信后，立即把自己身边仅有的 11 塔勒寄去，还有一张可向日内瓦一个商人取款的50塔勒汇票也寄给了恩格斯。

恩格斯没有被窘境所压倒，也绝不听信中伤挚友的谗言。

马克思获悉有人在挑拨他和恩格斯的关系，没有退出《新莱茵报》的资产阶级股东还要求他把恩格斯及其他逃亡在外的编辑从编辑部撵出去。对此，马克思非常痛恨。他明确表示：“至于你们的编辑职务，我这样做了：一、在第1号报上就立即指明，编辑委员会原有成员不变；二、向愚蠢而反动的股东们声明：他们可以随意把你们不再看作编辑部人员，但我有权随意付出我所要给的稿费，所以，他们在金钱上将丝毫占不了便宜。”

马克思还写信向恩格斯保证说：“我能把你丢开不管吗？哪怕是一会儿，那也是纯粹的幻想，你永远是我的最知心的朋友，正像我希望的我是你的最知心朋友一样。”

恩格斯得知《新莱茵报》由于戒严曾停刊两个多星期，马克思把自己所有的钱投入到恢复办报事业中，甚至父亲的一点遗产和他妻子的金银首饰也全部倾入，一家过着半饥半饱的日子……

恩格斯驳斥了双亲对挚友的怀疑，母亲总算在12月初回信说：“关于马克思，我不再说些什么了，如果他像你在信中所写的那样做的话——对此我从未有过丝毫怀疑，那么他已做到他能做的一切，为此我对他表示感谢。”

这时，《新莱茵报》在巴黎的通讯记者海尔曼·艾韦贝克也试图离间这一对极好的朋友，唆使马克思反对恩格斯。这一招失败后，艾韦贝克又起另一招。恩格斯在瑞士工人联合会和德意志民主民族联合会上当选中央委员会秘书，艾韦贝克又向同盟在瑞士的盟员施加不利于恩格斯的影响。

在这非常时期，马克思对恩格斯坚信无疑，两位朋友在患难中见真情。

随着时间的推移，科伦的紧张形势过去，估计在那里被捕的危险性较小了。1849年1月中旬，恩格斯重返科伦，再次担任《新莱茵报》副总编。2月、3月，逃亡在外的沃尔弗和德朗克也从巴黎回来，编辑部委员会的人员又全部到齐。

军中副官

这是弗里德里希：——先生：
儿子完全不像父亲！
教区里最虔诚的父亲，
却教育出一个‘上帝所诅咒的人’。
起初他像非洲霍屯督族人那样，
恶意地亵渎我主上帝，
后来是一个十足的过激共和党人，
在城市把街垒筑起。
他出现在爱北斐特：
完全像丹东——罗伯斯庇尔，
如果事情不是那样反常，
他也许会博得英雄的称誉。
早在学校的时候，
他就在顽童中最富有才气，
让上帝降福给老——先生吧，
为他有这样一个浪子。

1849年5月19日，《新莱茵报》在反动政府的武力胁迫下，为保存革命力量，不得不“高举着印成红色的最后一号报纸的飘扬旗帜……”停刊退却。这之前，法兰克福议会于1849年3月28日通过了德意志帝国宪法，宪法虽然保留君主政体，具有强烈的保守性，但规定了德意志是统一的国家，人民享有一定的民主自由权利，在一定程度上反映了人民的要求。在人民看来，只要是向统一德国迈进一步，哪怕是很小的一步，也是值得欢迎的。但帝国宪法却遭到德国各邦反革命势力的抵制和反对。普鲁士政府指责这部宪法是万恶之源。人民群众的情绪急剧增长，反动军队开始镇压。起义爆发了，恩格斯积极参加德国维护帝国宪法运动，加入巴登的起义队伍，英勇战斗。他既使用批判的武器，又直接进行武器的批判，一手拿笔，一手拿起了枪杆子。他在母校所在地爱北斐特起义时期的活动，更给人留下深刻的印象，于是，一位叫阿道夫·舒尔特斯的诗人为恩格斯写下上面这首幽默诗。

维护帝国宪法的起义，首先在莱茵——威斯特伐里亚工业区爆发。爱北斐特、伊塞隆、佐林根等城市的工人建筑了街垒，拿起了武器，决心同专制制度进行殊死的战斗。

恩格斯在战斗中既是战斗员又是指挥员，他密切注意形势的发展。1849年5月10日，他又从科伦前往爱北斐特，并随身带去两箱子弹。到爱北斐特后，他给安全委员会作了关于科伦局势的报告，表示希望在军事方面对起义者有所帮助。安全委员会直属军事委员会立即委派他领导修筑防御工事的工作。第二天，又委托他指挥安装大炮。

恩格斯在军事委员会上推荐米尔巴赫担任卫戍总司令，组织卫兵连，改建许多街垒，他还向安全委员会建议：第一，解除由资产者掌握的市民自卫团的武装，把他们的武器分发给工人；第二，从爱北斐特四周的“中立”区内设法弄到武器，继续扩大起义并有计划地组织整个地区的防御。只有采取这些措施，才能加强工人的战斗力，使运动重新蓬勃发展起来。

1849年5月15日，恩格斯组织一批武装队伍开赴格莱弗拉特军械库，为起义者夺取武器。

“骑马走在一个大约由三四十人组成的武装小分队前面的就是恩格斯。他去格莱弗拉特是为了从军械库里夺取更多的武器和服装，因为爱北斐特起义者需要这些东西。恩格斯骑着马，佩戴着军刀和手枪，出现在军械库前。他让小分队占领好阵地，并在军械库大门前布置了岗哨。他拔出手枪，迈步向值勤卫兵走去，并要求他一同进入军械库。卫兵没有抵抗。恩格斯从现有的武器和服装用品中挑选他认为有用的东西，带到院子里分发给起义者。”

《新莱茵报》被迫停刊后，马克思同恩格斯都走向了起义队伍的前线。恩格斯送马克思一家大小前往巴黎和准备发动新的起义的法国革命者建立联系，自己则返回德国西南部普法尔茨的凯则尔斯劳顿。

6月13日，恩格斯正是在普鲁士军队从萨尔布吕肯出发进入普法尔茨的这一天，参加了维利希领导的志愿军正规部队，并担任了这支部队的副官。

他认识到工人阶级为了能够夺取政权并保护政权，必须掌握军事作战的理论和实践，恩格斯又赢得了这样一次“取得军事经验的机会”。

同恩格斯一起在德国第一支革命军队里服役的还有很多无产阶级革命者。志愿部队大多数战士是工人、手工业者，达六千人之多，志愿部队、正规军及市民自卫团一起，构成了革命军队的三个支柱。

恩格斯作为副官组织参加了四次战役。7 月 21 日，维利希的志愿部队，作为巴登—普法尔茨的最后一支队伍在罗特什泰顿附近越过国境，进入瑞士。“所有在战火中见过他的人，很久以后，都还在谈论他那种非凡的镇静和漠视一切危险的气魄”，恩格斯作为第一支德国革命军队的最优秀的工人队伍的副官，光荣地完成了自己的任务。

虽然，巴登—普法尔茨起义被成倍的反革命武装势力镇压，数以千计的战士被捕，数以万计的战士被迫流亡国外，但首次证明了，工人阶级有力量组织自己的军队，去推翻反动势力，领导整个国家，恩格斯在《德国维护帝国宪法的运动》中断言：

“无产阶级的党在巴登—普法尔茨军队里的力量相当强大，特别是在志愿队里，例如在我们这一队，在流亡者军团等等。这个党敢于对一切其他党派这样说：无论哪个党派也无法对无产阶级的党的任何成员提出丝毫的责难。最坚定的共产主义者也是最勇敢的兵士。”

起义失败了。但在巴登—普法尔茨地区的群众中还唱起年轻志愿兵的歌：

为了德意志共和国的繁荣，
必须把那三十六个王座推翻；
弟兄们，无情地将它们摧毁，
勇敢地挺起我们的胸膛，迎向子弹！
为共和国捐躯，
这是我们伟大而光荣的命运，
这是我们所选定的目的！

“双重生活”

普法尔茨革命军起义失败后，恩格斯于1849年10月6日从热那亚出发，乘“科尼什钻石号”上溯泰晤士河，到达伦敦。

这之前，马克思和其他共产主义者同盟的一些领导人先到了伦敦。恩格斯在伦敦和他过去的指挥官奥古斯特·维利希见面了。维利希由于在维护帝国宪法运动中有军功，这时也进入了中央委员会。

恩格斯同马克思总结革命失败的经验教训。恩格斯写下《德国维护帝国宪法的运动》《德国农民战争》和《德国的革命和反革命》三部著作，对在德国本土上进行决战的一些革命斗争作了综述和分析。这期间，马克思在他的《1848年至1850年的法兰西阶级斗争》和《路易·波拿巴的雾月十八日》两部著作中致力研究法国革命的经验教训。

1850年夏季的几个月里，中央委员会内部出现了一个宗派集团，为首的除了维利希以外，还有恩格斯的老朋友卡尔·沙佩尔，他们患有严重的革命急性病，认为共产主义者很快要在新的革命中夺取政权，他们不理解马克思和恩格斯的科学见解，沙佩尔还竟然把这一切看作是思想上的不坚定。

马克思和恩格斯分析：从1848年开始，资本主义处于世界经济繁荣之中，革命运动暂时处于低潮是自然而然的。马克思还告诫：德国的无产阶级还需要进行几十年的革命斗争，不仅要改变环境，而且要“改变自己本身，使自己具有进行政治统治的能力。”

1850年9月15日的一次中央委员会会议上，分裂终于发生了。维利希和沙佩尔已组成反对共产主义者同盟的特殊联盟，并在伦敦德意志工人教育协会中居于多数派的地位，马克思、恩格斯和十个拥护他们的人宣布退出这个协会。

在伦敦，要做的实际革命工作差不多只剩下一份杂志，过了几个星期后，由于政治和资金上困难，就连一份杂志也不能继续出版了。

马克思和恩格斯在合著的《国际述评（三）》中断言：“新的革命只有在新的危机之后才有可能，但是新的革命的来临像新的危机的来临一样是不可避免的。”

革命处于低潮，应有一个时间，能安静下来，去从事革命理论的科研工作。进一步发展党的理论越来越显得重要了。

恩格斯认为，首先必须为马克思从事理论研究创造一个良好的环境，让他有充分的时间和精力使共产主义理论获得彻底的科学论证，特别在经济学上的论证非常必要。只有这样，才能最终唤醒广大民众。

于是，恩格斯当机立断，自己作出贡献，找到一个固定的收入来源，来维持自己和马克思一家的生活，为马克思创造研究的环境。他只有再到曼彻斯特的“欧门—恩格斯”公司去，在那里，可以得到一份固定的收入。为了人生的远大目标，只有再到那个窒息的办公室里工作，和厌烦的生意及狡诈的商人打交道，重度“埃及幽囚”般的生活。

过去五年，恩格斯已习惯和马克思在一起紧密合作，两位老朋友的分手也是非常难过的。但是，为了更伟大的事业，他们不得不分离。

1850 年 11 月，恩格斯同家里商量好以后，来到曼彻斯特父亲的合伙公司里工作。

刚来公司不久，11 月 28 日，是恩格斯 30 岁生日。玛丽记住了这一天。她宴请了同恩格斯参加宪章运动的朋友，还有工厂区里的工人老相识，在自己的住室里欢聚一堂。

离别五六年，这对年轻人总算又团聚了。恩格斯想起了几年来一个人独自走过的路程，想起了逃亡法国的 40 多天的日子……他让葡萄酒把自己灌得酩酊大醉，就像又被慷慨的农民灌醉一样，他又回到了法国农村的葡萄园中——受摧残的农民见到这位体恤劳动者的人，有说不尽的艰辛，也有道不出的淳朴和甘甜……玛丽喝得两个酒窝像化妆师着意描出的两朵殷红，她妩媚地看着恩格斯，那络腮蓬松的胡须，那灰蓝深情的眼睛里荡漾着泪水……

恩格斯非常希望和玛丽共同生活，回曼彻斯特，这一点上是他最大的满足。然而，当时流行的资产阶级伦理观念和工人寄人篱下的地位，父亲和其他厂主不允许自己和她同住一所住宅。恩格斯为了能得到一份固定收入帮助马克思一家，实现伟大的理想和抱负，他不得不这样暂时屈就这种旧的传统观念。白天他另外有自己的单独住宅，以便从事“该死的生意”，可以同生意人交往商谈，并也方便接待父亲的来访。开始，他的这个住宅设在斯特兰奇韦斯，格雷特杜西街70号，后来是48号，以后又迁到了别的地方。大约在1858年迁到牛津路索恩克利夫园6号，然后又迁至多弗街。但恩格斯真正的家却是在戈顿，海德路252号，就是玛丽·白恩士和她的妹妹莉希·白恩士居住的地方。在这里，他就自由自在了，可以同玛丽一块生活，同工人们交往接触，同宪章运动的左派领导人以及其他的朋友见面聚谈……

为了革命事业，人生理想，为了帮助马克思一家和自己有个起码的生存条件，他只有这样委屈自己，面对当时的客观环境，违背着自己的良知和爱好，去适身处地，寻求革命事业的生存土壤。“双重生活”的这种“埃及幽囚”在扭曲折磨自己，可这种委屈、扭曲、折磨，长达20年之久啊！

大丈夫能屈能伸。在恩格斯“屈”从中，马克思全神贯注撰写《资本论》。

过“双重生活”，装扮两个脸面的人，也在不断成熟着自我。白天从事生意，夜里和星期天致力于从事政治研究和革命活动。他忙里偷闲，冲出自己封闭狭隘的小圈子，成为曼彻斯特文学艺术协会会员；成为曼彻斯特外文图书馆的会员；成为“外国穷人救济协会”的会员……同时，也是狩猎协会的会员。

作者“马克思”

“如果你能用英文写一篇关于德国局势的文章，在星期五早晨（8 月 15 日）以前寄给我，那将是一个良好的开端。”马克思在信中向恩格斯求援。他获得《纽约每日论坛报》的编辑查理·德纳的约稿，为了有一份经常性的收入，通过报刊影响美国的无产阶级，他欣然接受了。可是，自己从事研究政治经济学占去了大部分的时间，此外，掌握英语的程度还不能运用来写政论作品。于是他想起了在曼彻斯特的恩格斯。

恩格斯回信：“不过要赶快写信告诉我，文章应该写成什么样子——是随便写一篇单篇的文章，还是你想要写一组文章，其次是如何写。”

“要写得俏皮而不拘束。这些先生们在外国栏中是非常大胆的。”马克思提示。

8 月 21 日，恩格斯在信的开头就这样写道：“亲爱的马克思，你要我写的那篇文章随信寄去。由于各种情况的同时影响，这篇东西写得不好。……总之，这篇东西由你随便处理吧。”这就是后来包括 19 篇文章的一组论文的第一篇。这组论文在 1851 年 10 月至 1852 年 10 月间陆续在《纽约每日论坛报》上发表，并于 1896 年分别以英文和德文出版单行本——《德国的革命与反革命》。这组论文全出于恩格斯的手笔，可是编辑德纳和该报的读者却不知道这一点，他们都以为作者是马克思。

这仅仅是开始。几乎在十年间——直到 1861 年，恩格斯按照马克思的要求为这家美国报纸写论文达 120 篇以上，当然，马克思的手稿由他翻译成英文发表则是在外的。这些文章，有的被德纳作为社论发表，作为编者，因是与马克思的约稿，也就根本没考虑出自何人之手。油灯下辛勤耕耘的恩格斯从来没有在《纽约每日论坛报》上署过名，编者和读者都在欣赏“马克思”的一篇篇力作。

有谁知道，为了让马克思安心从事政治经济学研究，并能有个新的生活补给来源，恩格斯常常为马克思撰稿和翻译到深夜，玛丽和妹妹为他找资料和抄写稿件，工人区里的这三口之家，即使忙得一夜不睡，也要让稿件发出后不耽误马克思的时间。马克思每次可以按时把稿件赶上每周一次或两次从利物浦开往美国的邮轮。

1852 年 10 月 14 日恩格斯给马克思的信中写道："要替你翻译全篇文章，我的身体不行。我是今天早晨收到文章的。整天在办事处，脑袋都忙昏了。今天晚上七八点喝完茶才把这篇东西读了一遍。然后动手翻译。现在是十一点半，我读到文章自然分段的地方，并把译好的这一部分寄给你。十二点文章必须送到邮局。因此，你将收到我尽自己力量所能做到的一切。其余部分很快译完……同时你应该把你下一篇文章写完……只盼我及早收到手稿。"

四天后，恩格斯又写信说："寄上前一篇文章的其余部分。昨天又收到了下一篇。今天寄去的文章，你可以马上经利物浦交美国邮船寄出，星期三早晨'太平洋号'启航。星期五你会再收到一点东西。"

10 月 28 日恩格斯又写道："寄上一篇为德纳写的文章，这篇东西不能在别的地方断开。如果今天晚上我能整个译完，我将稍迟一点把其余部分付邮。现在把这一篇寄出，是为了使你至少及时收到一点东西。"

伦敦和曼彻斯特相隔不过大约八个钟头火车的路程，写信当晚付邮多半在第二天上午就可以收到。但对于多年以来就惯于天天在一起生活、工作和战斗的两位战友来说，书信交往毕竟还是很难得以满足的。相隔千山万水，书信的来往是唯一的桥梁、这座桥梁一连维持了二十年。

一星期内他们不通信的情况是没有的。多的每天一封甚至数封，一天内一封写早晨发生的事，一封又写中午想到的事，晚上更是非写不可了，夜里不向对方发出信，一夜睡不着。有时，夜间看到邮筒竟不由自主地要笑起自己来，想到对方并没有被藏在邮筒里，还是要在遥远的伦敦和曼彻斯特的第二天才能接收到刚在油灯下想出的心里话……

第一次，通信中断了。马克思不能理解事情的原因，忧心忡忡写信询问："亲爱的恩格斯，你是在哭还是在笑？是在睡觉还是醒着？最近三个星期，我往曼彻斯特寄了各种各样的信，却没有收到一封回信。"

1852 年 9 月 8 日，马克思在给恩格斯的一封信中说："我的妻子病了，小燕妮病了，琳蘅患一种神经热。医生，我过去不能请，现在也不能请，因为我没有买药的钱。八至十天以来，家里吃的面包和土豆，今天是否能够弄到这些，还成问题。……

“因此，我把向所有债权人付款的期限拖到了9月初，你知道，对他们的债务，总是一小部分一小部分偿还的。现在，四面八方都在袭击我了。……

“最好的最理想的是能够发生这样的事，女房东把我从房子里赶走。那时，我至少可以免付一笔二十二英镑的款子。但是，未必能够指望得到她这样大的恩典。此外，还有面包铺老板、牛奶商、茶叶商、蔬菜商，还有欠肉铺老板的旧账。怎样才能还清所有这些鬼账呢？”

接信后，恩格斯第二天寄去了四英镑。五天以后，恩格斯写信给马克思说：“我现在考虑一个节省几英镑的新计划，如果成功，我想我能在下月初以前，……再寄给你一点。”

恩格斯的汇款由断续不定到每月定时，有时甚至是每个星期都有一张一英镑、二英镑、五英镑或十英镑的汇票，由“玛丽”或“恩格斯”从曼彻斯特寄往伦敦。这些款项常常超过恩格斯自己的家庭开支。

这二十年，恩格斯和马克思的书信文稿往来是高峰期，19世纪50年代和60年代所写的书信，仅保存下来的就达1300多封。

马克思在一生中最困难的时候，当他的爱子埃德加尔夭折之后，他这样写信对恩格斯说：“在这些日子里，我之所以能忍受这一切可怕的痛苦，是因为时刻想念着你，想念着你的友谊，时刻希望我们两人还要在世间共同做一些有意义的事情。”

“我永远不会有另一个母亲”

1860 年 3 月，父亲去世的噩耗传到曼彻斯特。恩格斯回到巴门。

近几年来，恩格斯和父亲及兄弟们的关系有所改善。父亲多次到曼彻斯特检查工厂事务，并与合伙人欧门商谈发展业务，也间或和自己的儿子住在一起。1859 年夏天，双亲还一起来到曼彻斯特视察企业，随后几个星期里，恩格斯陪同双亲到苏格兰游览，这是他最后一次看到父亲了。

父亲的死对恩格斯不能不是一次大的打击，除感情上的创伤外，经济上也受到一些制约。然而，这期间，母亲又身患重病，生命垂危。

几个星期里，恩格斯又从曼彻斯特重返巴门。正在这忧心忡忡的时候，兄弟之间却为父亲的遗产处理发生了意见分歧。

父亲去世后留下的遗产，按照法律，作为长子，恩格斯理所应当地应该享受，但是恩格斯的弟弟横生枝节地要恩格斯放弃遗产继承权，而且态度非常强硬。

恩格斯完全有理由驳倒他的弟弟，但是恩格斯想到，年迈又重病在身的母亲已经不起任何精神刺激和无情的烦恼。如果兄弟俩对簿公堂，或者在母亲病床边争论不休，无疑是催使母亲早一点离开人世。于是，为了母亲安度晚年，他毅然不介入家庭财产的纠纷，彻底放弃了遗产继承权。

一年以后，当春暖花开的时候，母亲病情稳定，恩格斯才把一笔可观遗产真相告诉母亲。恩格斯写信给母亲说：

“亲爱的母亲，为了您，我克制了这一切，世上的任何东西都丝毫不能使我让您在晚年时，因家庭遗产纠纷而悲伤。我还会有成百上千个企业，但我永远不会有另一个母亲。”

姊妹情缘

父亲去世的第三年，1863 年 1 月 6 日，恩格斯的忠实伴侣玛丽·白恩士因心脏病又突然逝世。这使恩格斯更为悲痛。他受强烈震动之下先后两次写信给马克思说："我无法向你说出我现在的心情。这个可怜的姑娘是以她的整个心灵爱着我的。""……同一个女人一起生活了这样久，她的死不能不使我深为悲痛。我觉得我仅余的一点青春已经同她一起埋葬掉了。我接到你的信时，她还没有下葬。应该告诉你，这封信在整整一个星期里始终在我的脑际盘旋，没法把它忘掉。不过不要紧，你最近这封信已经把前一封信所留下的印象消除了。而且我感到高兴的是，我没有在失去玛丽的同时再失去自己最老的和最好的朋友。"

失去了的所爱的人，43 岁的恩格斯正如他所说的，仅有的一点青春也连同她一起埋葬了。一个活泼可爱的人沉默起来，一头亮丽的棕色的头发乱了，雪白的脸显出苍白和憔悴。

与玛丽共同生活 20 年，他们虽然没有生育孩子，没有享受到个中之天伦之乐，但一当想到人生理想和事业，想到自己的战友，想到马克思正在艰难的环境里赶写《资本论》……他没有感觉到有任何遗憾。玛丽突然别自己而去，生活中少了一份体贴，及时去邮局发出刚刚写完的稿子，给马克思汇去每月的生活费……如此如此这一切，自己真像缺了一只手臂……

一片空虚、寂寞。无法形容，很难填补。多年来，恩格斯和玛丽、莉希姐妹三人一直在一个家庭中生活。这一对爱尔兰的染色工人的女儿相依为命，玛丽同恩格斯结为夫妻后，恩格斯视莉希为自己的亲妹妹，生活中像关心玛丽一样关心这位苦难的小妹妹。这期间，他们夫妇还带养了玛丽一个侄女艾伦，恩格斯把侄女当作自己的孩子一样，供她上学。

连日来，恩格斯常待在卧室里。一阵躺在床上，搂着那只失去主人的枕垫失声地抽泣；一阵坐在写字台前，翻了又翻那本《英国工人阶级状况》——

他把这本书看作自己同玛丽生育的一个娇娇子，他回忆那次“找亲戚”同玛丽的相识，回忆玛丽带他到工人区的调查、走访，回忆她给马克思发完信和稿件时的那种特有的欣慰，那圆圆的脸庞一对圆圆的酒窝……

卧室的门口分明亭亭玉立着一个人，是玛丽？圆圆的脸膛上圆圆的酒窝也显出晶莹的泪光，她走进卧室，来到恩格斯的身旁。

恩格斯连忙放下枕垫，拉住她的手，激动地说：“我亲爱的玛丽，您回来了？”

“嗯！”她深情地点了点头说，“我永远不离开您，姐夫，让我来接替姐姐的义务，完成姐姐没有完成的事业！

激动的话语和呜咽声都偎依在恩格斯的怀抱里……

莉希，这位比恩格斯小七岁的玛丽的亲妹妹，一直在姐姐、姐夫家一块生活，由恩格斯夫妇把她养大成人。她深深地爱着情如手足的姐姐，也敬爱着和蔼可亲的姐夫恩格斯，并崇敬他们的政治观点和革命理想。她早已成了姐姐和姐夫生活和工作中不可少有的助手。

姐姐的突然逝世，对莉希同恩格斯一样是一个沉重的打击。自己失去了自幼相依为命的姐姐，恩格斯失去了恩恩爱爱的妻子。这对苦难的爱尔兰染色工人的女儿，自从认识恩格斯后，生活中总算见到了希望的曙光。利剑一般的传统世俗眼光没有让这一家人分离；恩格斯家人的阻挠、非难没有让他们夫妻和妹妹之间的感情有过丝毫挫伤。恩格斯深深爱着玛丽也喜欢着玛丽的妹妹和小侄女。他既要兼顾工厂的工作又爱着工人区里的这个小家庭——因为这里不仅仅只是家庭恩爱的小圈子，还是一个无产者从事革命活动的重要交通枢纽站。

莉希同姐姐玛丽一样，是个热情聪慧的姑娘。虽然因家庭环境影响不能学会读书写字，像19世纪上半时的大多数工人子女一样，她被剥夺了受正规学校教育的机会，但这些没有妨碍她以清醒的眼光去审视周围的世界，看清了爱尔兰工人和英国工人同属一个阶级，同受英国资产阶级的压迫，培育出坚定不移的阶级本性和顽强的革命精神。

莉希已是36岁的大姑娘了。这之前。恩格斯和姐姐都给她介绍过男朋友，但都不能如愿，她心中早有了男人的偶像，一定要找个像姐夫这样和蔼亲近、胸怀坦荡、活泼勇敢和思想敏锐的男人，做自己的终身伴侣……

姐姐的猝然而去，莉希心中极为悲痛。想到自己当初告吹过姐姐介绍过的男朋友，心中暗暗许诺要寻找一个姐夫这样可亲可爱、可敬可佩的人，否则，自己可以终身不嫁人，一心帮助姐姐和姐夫料理繁忙的家务……然而，姐姐的突然离走，这却成了妹妹心理上的负担，认为不知是自己的心理罪过？还是能穿透人之心灵的好姐姐在有意成全着妹妹的爱慕隐私？千不该，万不该，假若真的如此，自己还不如随姐姐一同别离姐夫而去，洗刷心理上的负疚……

这时的姐夫因姐姐的死而“埋葬了仅有一点青春”，他正需要有人来安慰他、体贴他、照料他，去替他抚平哀思，送上温暖，唤起他生活的活力……

工人需要他，千千万万的劳苦大众需要他，马克思的《资本论》和一家的生活需要他……

她勇敢朝姐夫走过去——在恩格斯身边接替姐姐的义务，弥补姐姐在丈夫身上的恩爱，完成姐姐未完成的使命，这不正是对姐姐九泉幽灵的告慰？她终于大胆地向姐夫提出：“假如您像爱姐姐一样地爱妹妹的话，请接受我的请求，我永远不离开您……”

恩格斯在给马克思的信中称赞莉希的善良、智慧和幽默感，他写道“她对本阶级的无限热爱，对我是无比珍贵的，在关键时刻，这种感情给我的支持，比起‘有教养的’‘多愁善感的’资产阶级小姐的细腻和小聪明可能给予的总要多些。”

曼彻斯特，“小爱尔兰”区的悲痛的日子里，马克思同样收到了从恩格斯身边寄来的十英镑的汇单，上面的“汇款人”栏中已不再是“玛丽·白恩士”，而是另一个白恩士——“莉希”。

不能公开出现的国际会员

父亲逝世后，恩格斯正式成为“欧门—恩格斯”公司的股东。为置新产业，1864年9月，他带莉希到什列斯维希—霍尔施坦旅行，10月份才回到曼彻斯特。

回来后，收到马克思一封数页的长信：

“不久以前，伦敦工人就波兰问题向巴黎工人发出一篇呼吁书，请求他们在这个问题上采取共同行动。

“……定于1864年9月28日在圣马丁堂召开群众大会。……一个叫勒·吕贝的人被派到我这里来，问我是否愿意作为德国工人的代表参加会议，是否愿意专门推荐一个德国工人在会上讲话等。我推荐了埃卡留斯，他干得很出色，而我也在讲台上扮演哑角加以协助。我知道伦敦和巴黎方面这一次都显示了真正的‘实力’，因此我决定打破向来谢绝这类邀请的惯例……

“会场上挤得人透不过气来（因为工人阶级现在显然重新开始觉醒了），……会上决定成立‘国际工人协会’，它的总委员会设在伦敦‘联系’德国、意大利、法国和英国的工人团体。……这次群众大会选举了一个临时委员会，其中奥哲尔、克里默和其他许多人（一部分是老宪章主义者、老欧文主义者等）代表英国；沃尔弗少校、方塔纳和其他一些意大利人代表意大利，勒·吕贝等人代表法国；埃卡留斯和我代表德国。委员会有权任意吸收新的成员。

“目前一切都进行得很顺利。我参加了委员会的第一次会议。会议选举了一个小委员会（也有我在内）起草原则宣言和临时章程。”

这就是1864年9月28日召开的国际工人协会的成立大会，无产阶级的第一个国际性革命群众组织诞生了！

恩格斯非常高兴，他连夜给马克思写回信：“我们又同那些至少是代表自己阶级的人发生了联系，这毕竟是好的；归根到底，这是一件主要的事情。”他又在信中对马克思关于总委员会内部各个不同派别集团的详细描述作出总结："此外，我认为，一旦问题提得稍微明确一点，这个新协会就会立即分裂成为理论方面的资产阶级分子和理论方面的无产阶级分子。"

事情果然不出所料，总委员会出现了两大派别，难以统一。然而，在这种复杂的情况下，恩格斯却不能到马克思身边去和亲密战友并肩战斗，眼看着马克思让国际活动占去了大量的工作时间，并迫使他不得不挤到晚上才去写《资本论》，这样一来，这部伟大的著作的出版势必要往后推迟了。恩格斯心急如焚，恨不得长上翅膀从曼彻斯特飞到伦敦马克思身边去，竭尽全力来协助自己的战友。

可是，只要自己仍旧住在曼彻斯特，仍旧是公司的股东，自己是不可能成为总委员会的委员的。马克思虽吸收恩格斯为第一国际的最早一批会员，因受"欧门—恩格斯"公司股东的影响，恩格斯却只能还是一名不便以公开身份出现的会员。这使恩格斯非常苦恼。丢掉公司不管了吗？办不到了，父亲已不在人世；再说失去了公司，谁来从经济上支持马克思？自己只有了论文的支持没有了经济上的援助，马克思一家人能活下去吗？自己也不能生存，《资本论》更不能完成。这样，总委会的工作会搞得更糟，饥荒会把大伙的精力和权力全剥夺个干净……

恩格斯在同马克思的来信中寻找到安慰，他只能在曼彻斯特这座"埃及幽囚"中继续生活和工作，想尽一切办法，通过间接的方式去充当马克思的顾问，协助马克思的总委会的工作。

马克思把总委会的一切重大事情都告诉恩格斯，同时还把大部分文件寄给恩格斯，让恩格斯对总委会的工作充分发表意见。

恩格斯撰写政论文章，参加讨论有关国际如何进一步发展问题，并为制定和传播马克思的策略出主意，支持马克思在总委会出版一份自己的报纸，协助马克思解决总委会活动经费不足的问题。

直到 1869 年恩格斯从"埃及幽囚"解放出来，一家迁居伦敦，他才当选为国际工人协会总委员会的委员，直接配合马克思总委会的工作，此后，又担任比利时、意大利、葡萄牙、和丹麦的通讯书记，并负责总委会财务委员会工作。

结束商人生活

父亲去世以后，恩格斯在“欧门—恩格斯”公司的地位大有改变。1862年9月25日，他同欧门签署协议，公司保证他每年除了一百英镑的工资以外，另可分红百分之十。按照这个协议，他成为公司的商业通讯员和办事员，规定他要“把全部时间和精力献给本公司并准确地执行哥特弗利德·欧门的一切正当合理的指示”，此外还要“把所有收入和支出、销售成交、订货和商务谈判都准确地按照规定作好记录”，并“不得泄露雇主的业务秘密和来往关系”。可想而知，规定要把他的大多时间浪费在办事处里。

1864年，恩格斯家族投入资本股额达到一万英镑，他由此而升为公司的股东。股东身份却并没有改变商业通讯员和办事员繁杂的事务，只是分红比例提高到纯利的百分之二十，另外还可从流动资本中得到年利率为百分之五的利息收入。因为欧门还让他的弟弟安东参加了投资，成为第三股东，因此，对方投入了约四万八千英镑资本，欧门在公司是最有发言权的。

尽管这样，恩格斯在这家公司里享受的权利还是开始显著增加了，相应，他的工作范围和义务也扩大了。除了商业通信外，他这时还得主管办事处的全部业务和领导工作。工作负担和同欧门的摩擦大量消耗了他的精力，恩格斯真担心会因此而减退自己从事思想政治工作的能力。1867年4月，他给马克思写信说：

“再过两年我和猪猡哥特弗利德的合同就要满期，根据目前这里的情况来看，我们两人都不见得希望延长它；甚至分裂更早发生也不是不可能的。果然这样，我就要彻底抛弃商业；因为如果现在还独立创业，那就是说，要极其辛勤地操劳五六年而得不到什么显著的结果，然后要再干五六年才能收获前五年的果实。这会把我彻底毁掉。我最渴望不过的事情，就是摆脱这个鬼商业，它占去了一切时间，使我的精神完全沮丧了。只要我还在经商，我就什么也不能干；尤其是我当上老板之后，负的责任更大，情况也就更糟了。”

这封信后，恩格斯却不得不再忍受了两年。年近半百的恩格斯不得不想到自己离开办事处和交易所的生活，退出这家公司，手里的积蓄和以后的收入是否足以保证马克思一家的生活？

恩格斯写信详细询问马克思："平时的正常开支，每年三百五十英镑是否够用"？

恩格斯雕像

不出所料，欧门乐意接受恩格斯迅速结束合同。1868 年秋，欧门根据恩格斯提请也愿意给他一笔一次性的补偿金。但有如下条件：

"恩格斯不再对这家公司提出什么权利要求；五年之内不准恩格斯经营任何与欧门兄弟作竞争的业务；恩格斯应允许欧门兄弟在这五年内继续沿用老公司极有声誉的招牌——'欧门—恩格斯'公司。"

恩格斯只考虑一笔补偿金的数量能否维持马克思这几年的生活，没去理睬对方的那些条件。他写信给马克思说，"在五六年内保证每年"给马克思三百五十英镑这个数目的款子，"而在紧急情况下甚至还能多一些"。

同欧门经过长时间的谈判，对方终于一次付给了恩格斯 1750 英镑的补偿金，1869 年 8 月双方签订了结束共同经营的协议。随后几年，恩格斯把这笔补偿金完全用来补助马克思一家的生活开支。恩格斯又陆续把自己在该公司的流动资金也全部抽了出来。

"恩格斯老板"的事业最终在这位长子的手上"断送"了。儿子没能继承父亲的事业，结束了连续二十年身心矛盾着的生活。父亲曾经不也是个矛盾的人吗？自己不信礼教，不进教堂，却严格要求孩子做一个宗教徒；恩格斯最厌恶生意，却做了二十年的经纪人，但他最后走出了矛盾的重围，实现了自我。他在矛盾的幽禁中始终从这样一个事实出发：金钱是一种力量，要使用这一力量为工人阶级谋利益，利用它来谋取工人阶级的解放，用阶级敌人（即资产阶级）自己的武器去打击阶级敌人。他说："但是一个人自己可以当一个不错的交易所经纪人，同时又是一个社会主义者，并因此仇恨和蔑视交易所经纪人阶级……如果我有把握明天在交易所赚它一百万，从而能使欧洲和美洲的党得到大批经费，我马上就会到交易所去。"

瞧这两家子

“亲爱的妈妈，今天是我自由的第一天，我觉得要更好地度过这一天，莫过于立即给您写信。

“我刚刚获得的自由使我高兴极了。从昨天起，我已经完全变成另一个人了，年轻了十岁。今天早晨，我没有到那阴郁的城市里去，而是趁天气晴朗在田野里漫步了几个小时。我的房间布置得很舒适，可以打开窗户，不必担心到处都是煤烟尘垢了，窗台上摆着花卉，屋前长着一些树木；坐在这样的房间里的写字台前，同坐在货栈里我那间只能看到天井的阴暗的房间里，工作起来完全不同了。”

同欧门结束了合伙经营的合同，恩格斯结束了二十年的商人生活。第一天，他高兴得像小孩一样直跳，把手杖当花棍样舞起来……

人生不敢想象的二十年啊！自己在束缚着自己，过着“埃及幽囚”的生活……去为了一个崇高理想，为了让自己的战友去潜心研究经济工作，向广大民众推出伟大的《资本论》。

熬过来了，手里有了保证马克思一家的生活费用，革命正需要他离开曼彻斯特，马上结束商人的生活，同马克思一道并肩战斗。

1870 年 7 月中旬，好消息来了。燕妮·马克思在信上兴致勃勃地写道：“亲爱的恩格斯先生：我刚才又为租房的事出去了，现在刚回家，急匆匆地马上就向您报告情况。我已经找到了一所房子，和我一起去的，还有孩子燕妮和杜西。我们大家都很欣赏它的环境优美，周围空旷，她们俩还觉得它特别清洁雅致……当然，非常要紧的是，您和您夫人得亲自来看一下，而且要快点来，因为条件这样好的房子，一定会很快就租出去的。您知道，我们全家都因为您和您夫人将住到我们这里来而由衷地高兴。”

1870 年 9 月 20 日，恩格斯、莉希和她的侄女玛丽·艾伦一起搬到伦敦新居来了。

新居是瑞琴特公园路 122 号，坐落在美丽的公园对面，离马克思的寓所很近，只有步行 15 分钟的路程。这里是伦敦典型的单元型住宅中的一套，有中等收入的家庭，一般都住这种房子。建筑简单朴素，和街上的其他房屋没有什么两样。按英国的居住条件，这套住宅是够宽敞的了：地下层有一个大厨房和浴室以及放煤和酒的两个储藏室；第一层有两个起居室；第二层有两间房子，其中一间很大的，是恩格斯的书房；再上一层有三间卧室，也可以当会客室用。此外，家里还有一个小花园。而特别吸引人的，是这房子地处绿树丛中，紧靠着浦利姆洛斯山。

浦利姆洛斯山是这个大城市西北区一个布满着田野、小山和树丛和区域。它与瑞琴特公园一样，是散步、休闲的好地方。这对恩格斯是理想不过了。他在曼彻斯特,常常是由肖莱马或穆尔陪伴着作几个钟头的散步。来到伦敦，他终于能够和马克思在一起了，而且和马克思全家在一起，当年的好邻居，二十年后第二次又成为近邻了；这不但能和马克思一同散步，重要的是能和马克思一同工作，二十年来的靠通讯来往商谈、研讨、说明一些相互关心的问题，现在可以每天当面切磋交谈了。

这两位朋友天天见面，风雨无阻。地点大多数是在马克思家里，马克思先是在梅特兰公园路莫丹那别墅 1 号，1875 年以后是在梅特兰公园路 41 号。他们也常常待在恩格斯宽敞的工作室里。

马克思的女儿爱琳娜描述说：他们经常一起去散步，如果不出门，那就在马克思屋里来回地走，“两人各按一个方向，走到屋角，鞋跟一转，一跃就回过身来。因此屋角的地板上被鞋跟磨出了各具特点的坑坑洼洼。他们在这里讨论了大多数人解决不了的许多问题。时常两人同时走来走去，半晌不发一言。有时候又各自说自己所想的一套，直到半小时后大家都停了下来，相互承认双方所想的问题毫无共同之处，于是两人就放声大笑起来”。

“恩格斯在马克思身上起的作用，比任何药物都大得多，……我们每天见到‘将军’，晚上和他在一起，大家都感到非常愉快。”女儿燕妮说，这一对“知己”朝夕相处，相互都年轻多了。

这两家近邻的其他成员也如同恩格斯和马克思一样，他们以各自不同方式交往密切。

莉希乐于助人、谦虚、温和，燕妮和她的女儿们都与她有很好的感情。早在曼彻斯特时，她就常常接待马克思和他的小女儿杜西（爱琳娜），并带杜西外出旅游，莉希在杜西心目中是慈母般的可敬可爱，燕妮和莉希在两家的主人散步远足时，她们一般不干扰他们。星期天，两人也相约到郊外去散步，他俩还多次一起去海边休养……

在马克思女儿的身上，恩格斯得到了安慰，燕妮和劳拉当时都是较成熟的少女了。她们想的和帮的都是为了无产阶级的解放斗争，并且都亲身参加了工人革命运动。燕妮从60年代中期起，逐渐代替母亲，当了父亲的秘书。1872年，燕妮同法国新闻工作者沙尔·龙格结婚。龙格在巴黎公社时期，以国际工人协会成员的身份，在公社战士的行列里参加过战斗。

马克思的次女劳拉，于1868年同法国医生保尔·拉法格结婚。拉法格和龙格过去都是崇拜马克思和恩格斯的好学生，他成了法国马克思主义政党的创始人和最杰出的领袖之一。

爱琳娜（杜西）与恩格斯更为亲近，她成为恩格斯在英国传播马克思主义和协助建立革命工人组织方面的得力助手。

马克思的外孙让·龙格很长时期在外祖父家，一见到恩格斯，第一件事就是要骑在恩格斯的身上——

"驾——！"……那"棕色"和"黑色"的大马就嘚嘚地跑得欢。李卜克内西说："马克思跑得满头大汗，如果恩格斯和我想把脚步稍微放慢，他那无情的嘎嘎发响的马鞭子就立刻落在我们的脊梁上。"

海伦·德穆特（琳蘅），马克思家里这位忠实的女佣人和管家，经常对收下恩格斯送来的生活费而激动不已。她崇拜恩格斯不亚于家里的主人，恩格斯也很欣赏琳蘅特有的幽默感和女人特有的豪爽性格。

两家的男主人都潜心写作时，燕妮、莉希和琳蘅这三位女主人就成了孩子们的主心骨，她们仨为了家里更安静一些，也常带孩子们到公园或浦利姆洛斯山散步、休闲……

当夕阳的余晖洒上写字台的时候，"棕色"的艳红，"黑色"的幽蓝……这时，一阵阵熟悉的女人的笑声，银铃铛般地洒进屋来，爬格子的人从心底到笔尖荡漾一片涟漪……

马克思与恩格斯攀谈的雕像

革命的理论

恩格斯来到伦敦的第一天，马克思就提议把恩格斯增补为国际总委员会委员，恩格斯一开始就投入了国际工人协会的工作。

19 世纪 70 年代初，欧洲走入相对稳定的和平发展时期，在这个重要的历史转变时期，恩格斯除做好总委会的工作外，也把主要精力放在写作上了。

工人阶级急需要理论武装。

因为随着工业的发展，城市人口激增，大批农民拥进工厂企业，工人阶级队伍迅速壮大。这批刚刚参加工人队伍的农民，由于长期在闭塞的农村生活和狭小的生产条件而形成的根深蒂固的小生产意识，与工人阶级的地位和肩负的历史使命还格格不入，为了改造他们的思想，提高他们的无产阶级觉悟，迫切需要对他们进行马克思主义的基本理论教育。

巴黎公社以后，国际工人进入一个新的“和平”历史时期。为了使工人保持旺盛的革命斗志，为了清除和反对资产阶级在这个特殊时期对无产阶级的侵蚀，为了给无产阶级推翻资产阶级的决战作好思想准备，也迫切需要对无产阶级进行马克思主义的理论武装。

欧美各国面临建立群众性无产阶级政党的任务。从 70 年代开始，荷兰、丹麦、美国、捷克、法国、意大利、比利时、挪威、奥地利、瑞士和瑞典等国家先后成立了社会主义组织。为了给各国无产阶级政党奠定科学社会主义理论基础，使各国工人运动沿着第一国际和巴黎公社的革命道路继续前进，就必须在工人运动中广泛宣传马克思主义。

在 50–60 年代国际工人运动中，马克思主义同各种冒牌社会主义进行了激烈的斗争，取得了重大胜利。但蒲鲁东主义、拉萨尔主义、巴枯宁主义等冒牌社会主义在欧美工人运动中仍有一定影响。因此，用马克思主义武装广大工人群众，是反对冒牌社会主义，坚持无产阶级运动的迫切需要。

这时，马克思正在利用工作以外的时间抓紧完成巨著《资本论》第一卷和整理其他各卷的资料。恩格斯及时想到了自己的理论宣传任务，应该在马克思完成“大部头”任务期间，自己快出一套理论“轻骑”去弥补这个宣传“空档”。于是，他从搬来伦敦开始，针对革命一些具体问题，撰写了《论住宅问题》《流亡者文献》《论权威》《给倍倍尔的信》《反杜林论》等一系列重要理论著作。

1872年6月至1873年2月间，他先后在德国社会民主工党机关报《人民国家报》上发表了《蒲鲁东怎样解决住宅问题》《资产阶级怎样解决住宅问题》《再论蒲鲁东和住宅问题》三篇论文。1887年，恩格斯把这三篇论文收集一册，以《论住宅问题》为书名在霍延根—苏黎世出版。

恩格斯在《论住宅问题》中批驳了把房屋承租人与房主的关系歪曲为资本家与工人的关系，并用永恒公平代替客观经济规律，暴露了蒲鲁东主义对经济问题一窍不通。

蒲鲁东主义者米希柏格认为，“住宅承租人对房主的关系完全和雇佣工人对资本家的关系一样”，房主有着“永恒的法权理由”，可以从承租人身上获得相当于建筑房屋实际费用“二倍、三倍、五倍、十倍和更多倍的补偿”。

恩格斯指出，住宅承租人与房主的关系，是商品买卖关系，同资本家与工人的关系有着根本区别。首先，在资本家与工人的关系中，工人是以劳动力出卖者的身份出现，而在住宅租赁交易中，工人是作为住宅使用权的买主进行活动；其次，在资本家与工人的关系中，出卖劳动力的工人必须不仅再生产劳动力的价值，而且必须生产出在资本家阶级中间进行分配的剩余价值，从而增加了现有价值的总量，而在承租人与房主的关系中，房主不论从承租人那里索去多少，不过是已经生产出来的价值的转让，双方占有的价值总量不会变化；最后，在资本家与工人的关系中，工人的劳动产品总量被人勒索去的一部分，而在承租人与房主之间，这种情况只是在房租超过住宅价值时才会出现。由此可见，“企图把承租人和出租人之间的关系与工人和资本家之间的关系等同起来，这是完全歪曲这种关系。”

恩格斯年轻时期对自然科学就有浓厚的兴趣，但只有到了70年代初退出商界移居伦敦后，才获得了系统研究自然科学条件。这期间他在革命斗争的间隙中研读了牛顿的《自然哲学的数学原理》等一些自然科学著作，除过去他研究过军事方面的理论外，他又研究了物理学、化学、生物学、天文学、数学以及其他自然科学。马克思知道恩格斯在写作《自然辩证法》一书，把自己平常整理的一整套《数学手稿》也送给了恩格斯。

恩格斯同马克思一样，这个新的哲学体系的创始人，他为了确立辩证的又是唯物主义的自然观，不断用数学和其他自然科学的知识来丰富自己、完善自己。

《资本论》第一卷出版不久，杜林就在一家资产阶级刊物上发表文章，对这部伟大著作进行攻击，认为马克思的劳动价值的观点不一定正确，并把资产阶级经济学家李嘉图的局限性强加在马克思身上。对此，恩格斯为了维护《资本论》的科学性,以《反杜林论》驳斥杜林对《资本论》的各种攻击，沉重地打击了资产阶级从理论上反扑的嚣张气焰，系统地阐述了马克思主义的三个组成部分，捍卫了马克思主义理论。

当恩格斯在世时，成千上万，后来是千百万革命工人通过《反杜林论》而掌握了本阶级的理论和世界观，并且学会了把理论当作阶级斗争的武器来加以应用。

沉痛的婚礼

1878 年 9 月 11 日，是恩格斯终生难忘的日子。

莉希在 1876 年就患了哮喘和坐骨神经痛。恩格斯带她到海边去休养过。休养后，见她的病痛有些减轻，恩格斯很高兴，这年年底他写信安慰朋友说："在四十到五十岁之间的妇女常出现这种几乎是奇异的变化。但愿今后也将如此。"

第二年春季病菌肆虐期间，莉希的病情又加重了。恩格斯只好停止了手头的工作，带着没有写完的手稿及资料同她到海边去休养，又到苏格兰的山上去疗养。在这困难时期，为了节省家庭开支以便保证马克思的生活，家里依然不请佣人。他理所当然地承担了大部分家务劳动，让莉希好好休养，早日恢复健康。他幽默地告诉朋友："如果您看见昨天晚上我是如何铺床的，今天早上是怎样在厨房生火的，您一定会发笑。"

尽管如此，1878 年中期，莉希却完全病倒了。恩格斯看着那张苹果脸一天天地皱了皮，憔悴了，消瘦了，露出了可怜的颧骨。他在信中忧虑地说："情况非常严重，可能产生很坏的结果。"这年秋天，莉希的疼痛越来越厉害，已实在难以忍受。这时，恩格斯才真正停止了一切工作，也好几个星期中断了同朋友们的各种联系。连断断续续地写作也不可能了，他整日守在莉希的病榻旁料理她，安慰她，满足她的一切需求。

马克思和琳蘅，还有马克思身边的女儿们每天到家里来看她，并轮着帮助恩格斯护理和想一些治疗的办法。这时的燕妮身体也不好，她坚持抱病来到莉希的身旁，她们姊妹一般地互相劝慰，互相抹去一把痛苦的泪花……

"莉希，别痛苦。"燕妮说，"你知道吗？恩格斯的《反杜林论》最近要在莱比锡印成单行本哩！"

这时，只有听到马克思和恩格斯又出了新的成果，知道恩格斯在抨击冒牌社会主义攻击《资本论》取得了决定性的胜利，才真正算是医治这对革命伴侣病痛的最好良药。两名妻子都由衷地笑了。

莉希停止了痛苦的呻吟，也告慰燕妮和其他人回到了各自的家中，她特地要恩格斯一个人坐在她的身边。她抚摸着丈夫握笔的手指上磨出的厚厚的茧，轻轻地，断断续续地说：“眼看姐姐的任务我是不能完成了……我们姐妹真没能耐……不能彻底帮你一把……”

听她说到这里，恩格斯也红了眼圈，泪水悄然滴在两只手上，滴在妻子那只枯槁的手上……

“我对不住你们姐妹俩。都因为我的奔波折腾着你们……”恩格斯说得失声地抽泣起来。

“不，我和姐姐跟着您都是非常幸福的。我们一对贫困的工人的孩子，包括我们的亲属，当然还有好多好多的工人们，都得到过您的救济。姐姐有您这么一个好的丈夫她是很满足的，您一个知识分子，有钱有势的富贵人家的子弟，爱上了我们穷人，我们的日子都过得甜蜜……还有什么不能使我们满足的？”莉希顽强地克制着疼痛，装出满心喜悦的样子劝慰恩格斯。她接着说：“只有一点我心里显得空虚……姐姐去了这么多年了，我们一起生活……可我们却还没有一张结婚登记证，我们还不是一对名正言顺的夫妻，我还不能算你续弦的真正的……妻子。”

这一对伴侣，在特殊环境里，从“妻姊妹”到“恩爱夫妻”的自然过渡，又相处快 15 个年头了。恩格斯 58 岁了，莉希也有 51 岁了，但这一对年近花甲的老夫妻却还没有办理婚姻手续，还未有举行过婚礼。

恩格斯并不害怕那种旧的传统世俗观念，关键是他看不起当时的国家政府，他一向认为，只要自己立起良好的婚姻的家庭的道德规范，结婚一定要经过反动腐朽的政府机关批准，甚至一定要在教堂举行婚礼仪式，这些都是显得多余的。可是，妻子在病床上，请求丈夫履行一个正式结婚的手续，他答应了。

1878 年 9 月 11 日晚上，恩格斯办好婚姻登记后，由伦敦的几个朋友和在伦敦的马克思的女儿张罗，他在自己家里与病床上的妻子举行了简朴的婚礼仪式。这期间马克思因身体不好，已于 4 日就离开伦敦到莫尔文疗养去了。

一对老夫妻坐在床上，披上婚纱，戴上红花。朋友宣读婚姻登记证后，恩格斯为朋友们介绍他同莉希成亲的经过，在场的朋友无不为这对恩爱夫妻而沉痛，而高兴……

一对老“新人”相对无言，只有甜蜜的笑。恩格斯似乎看到了莉希那消瘦脸颊上显出了皱巴巴的酒窝，一定是酒窝，是她唤自己一声“姐夫”时留下的那种羞红妖媚的酒窝……妻子从心底在高兴、幸福、甜蜜……

恩格斯高兴极了，他好像多年没有看到妻子这般开心、这般笑了。忽然觉得举行这场婚礼是非常必要的，妻子病中的高兴就是他莫大的满足啊！

见妻子高兴得非常疲倦，恩格斯连忙将她摇晃的身子搀扶过来，靠在自己的怀里……

夜里，一场热闹过后，大约相隔几个小时，即 9 月 12 日的凌晨，身穿婚纱、佩戴红花的莉希，安然躺在新郎的怀里再也笑不起来了……

“莉希，我亲爱的莉希……您醒醒吧！”恩格斯把“新娘”紧紧抱住，连连呼唤，声音越来越粗，越来越凄惨……“您醒醒吧！大伙都还在为您高兴，为我们高兴！莉希！莉希！醒醒吧！

妻子从此再也没有醒过来了，她安然躺在恩格斯的怀里，离开了人世。

伦敦瑞琴特公园路 122 号的住宅里，一场沉痛、悲壮的婚礼和葬礼，就这么接连着……

马克思逝世

在莉希患病的前期，恩格斯就担心起马克思的身体状况了。他患有神经炎、咳嗽，还有很难忍受的头痛和胸口痛，而且病情在日益恶化。此外，马克思的妻子燕妮身患癌症，经常有剧烈的疼痛。马克思全家和恩格斯都过着担惊受怕的日子。

1881 年 12 月 2 日，燕妮逝世了。马克思不能克制丧偶的悲切。“马克思也‘死’了”，恩格斯在灵床旁边对正在哭泣的爱琳娜说。

恩格斯和医生规劝马克思外出休养一段。他到法国、瑞士的两个女儿家，又到阿尔及利亚和威特岛去休养了，身体状况有些好转。“今天，杜尔朗医生给我作了检查……我的总的健康状况，据医生说已大大进步，他说我甚至‘发胖’了，”马克思于 1882 年秋天写信对恩格斯说。

1883 年 1 月，当马克思获悉大女儿燕妮·龙格突然去世，噩耗又使马克思病倒了。

恩格斯每天来陪伴这位病危的朋友，一陪就是几个钟头。第二夫人莉希的逝世对恩格斯的心灵创伤不小，他几乎有好些星期放弃了一切工作，停止了对外的一切联系。马克思的病危对他影响更大，“伦敦二老”是一个不可分离的整体。“所以，六个星期以来……每天早晨当我走到拐角的地方时，我总是怀着极度恐惧的心情看看窗帘是不是放下来了”，恩格斯就这样把老战友挂在心坎上。

由于琳蘅的精心护理，3 月里，马克思的病情有了转机，然而，这却是短暂的假象。

1883 年 3 月 14 日中午，当恩格斯又来到梅特兰公园路 41 号的马克思家里时，“全家都在掉泪，看来快到临终的时刻了。我就询问了情况，想弄清到底是怎么回事，以便进行安慰。原来他先是少量出血，接着体力就立刻衰竭了。看护着他的，是那个善良的老琳蘅，她对他的照顾，比任何母亲对待自己的孩子还要好。这时她走上楼去，马上又下来，说他处在半睡状态，我可以跟她一起上去。当我们进去的时候，他躺在那里睡着了，但是已经长眠不醒了。脉搏和呼吸都已停止。在两分钟之内，他就安详地、毫无痛苦地与世长辞了。”

恩格斯走过去，看马克思的眼睛还是睁开的，呼唤他却没有了任何反应……

老战友的目光里放出一种炽热的光芒，在期待着这位稍微来迟的另一位“伦敦老人”。恩格斯伸出颤抖的手，轻轻地又极为沉重地为马克思合上了双目。

“人类失去了一个头脑，而且是失去了人类在当代所拥有的最重要的一个头脑。无产阶级运动在沿着自己的道路继续前进，但是，法国人、俄国人、美国人、德国人在紧要关头都自然地去请教的中心点没有了，而在过去，他们每次都从这里得到明确而无可反驳的，只有天才和造诣极深的人才能作出的忠告。”但是，恩格斯在极度悲痛中又在信中激励着战友们：“最后的胜利依然是确定无疑的，但是迂回曲折的道路，暂时的和局部的迷误——虽然这也是难免的——现在将会比以前多得多了。不过我们一定要克服这些障碍，否则，我们活着干什么呢？我们决不会因此丧失勇气”。

俄国、美国、西班牙、荷兰、瑞士等全世界许多国家的无产阶级政党和以革命者的名义向伦敦发来了挽词，打来了唁电，送来了花圈，德国社会主义者派了威廉·李卜克内西，法国社会主义者派了保尔·拉法格和沙尔·龙格来到伦敦。

3 月 17 日，遵照马克思的遗嘱，他的遗体安葬在海梅特公墓他夫人的墓旁，生死相依。

葬礼简朴，只有孩子和几个生前的好友参加，一片呜咽声中，恩格斯向亡友致悼词：

“这个人的逝世，对于欧美战斗着的无产阶级，对于历史科学，都是不可估量的损失。这位巨人逝世以后所形成的空白，在不久的将来就会使人感觉到……

“因为马克思首先是一个革命家，以某种方式参加推翻资本主义社会及其所建立的国家制度的事业，参加现代无产阶级——这个阶级全靠他才第一次意识到自己的地位和要求，意识到本身解放的条件——的解放事业，这实际上就是他毕生的使命。斗争是他得心应手的事情。而他进行斗争的热烈、顽强和卓有成效，是很少见的。……

“……现在他逝世了，在整个欧洲和美洲，从西伯利亚矿井到加利福尼亚，千百万革命战友无不对他表示尊敬、爱戴和悼念……

“他的英名和事业将永垂不朽！”

继恩格斯致悼词后，马克思的女婿龙格和德国社会主义革命者的主要领导人威廉·李卜克内西在墓前讲话：

“我们蒙受了沉重的打击……但是我们决不会耽于悲痛。他并没有死。他活在无产阶级的心里，他活在无产阶级的思想里。……

“敬爱的永生的朋友！我们一定沿着你所指出的道路前进，不达到目的决不罢休。这就是我们在你的灵前的誓言！”

“伦敦二老”只留下了恩格斯孤单一个，朋友李卜克内西和倍倍尔都觉察到这一点，劝他迁到大陆去，或者到瑞士去。恩格斯考虑的是，哪里最需要他，哪里最适应他完成最后艰巨的任务，他就决意留在哪里。

恩格斯写信给当年参加维护帝国宪法运动的同志贝克尔说：“现在，我们两人差不多是 1848 年以前的老近卫军中最后的两个人了。这又有什么关系，我们一定要坚守岗位。子弹呼啸着，朋友们倒下去，但这些对我们两人来说是屡见不鲜的。如果我们当中有谁被子弹打中，那也没有什么关系，只是要击中要害，别让我们长时间受折磨。”

1883 年 4 月底，恩格斯决定继续留在伦敦。他把自己的决心和打算告诉倍倍尔：“在这里一个人住着，可以安安静静地继续从事理论工作……现在，我六十三岁，本来的工作已经够多的了，还计划花一年时间整理《资本论》第二卷，再花一年时间写马克思的传记和 1843–1863 年间德国社会主义运动的历史以及 1864–1872 年间国际的历史。如果我放弃这里安静的住所而搬到一个必须参加会议，必须在报刊上进行论战的地方去……那我简直是在发疯了。当然，如果日子又重新回到 1848 年、1849 年的时代，那么在必要时，我也要再次骑马上阵。然而，目前的工作应该进行严格的分工……你只要想想，从前马克思和我两人分担的大量通信任务，这一年多来只能由我一个人来承担。因为我们愿意在我力所能及的情况下，保持所有国家自愿与马克思办公室建立的联系，使其不致中断。”

家里的壁炉烧得通红，一切家务都由琳蘅做得井井有条。接受恩格斯的请求，琳蘅把对马克思的敬爱彻底转移到恩格斯家中，她又乐意做了恩格斯的管家。孤独的恩格斯的住宅楼里多了一个老人。

马克思离去后的一段时间里，恩格斯闭上双目就自然想起战友那临终睁开着的眼睛，一看到那壁炉的火苗，就像看到了战友炽热灼人的目光……

他放下了自己手中正在赶写的《自然辩证法》,立即投进马克思《资本论》续卷的书稿里——

潜心在那潦草难辨的手稿中，恩格斯又像是同亡友在一块了，老战友就像依然还在自己身边……

琳蘅和路易莎

正当恩格斯夜以继日地整理《资本论》第三卷的时候，心灵上又遭受非常大的打击：

“今天我要告诉你一个悲痛的消息。我的善良的、亲爱的、忠实的琳蘅，在得了短期的不大痛苦的病之后，昨天白天安详地逝世了。我同她在这个房子里一起度过了幸福的七年。我们是最后的两个1848年前的老战士。现在又只剩下我一个人了。如果说马克思能够长年地，而我能够在这七年里安静地工作，这在很大程度上我们要归功于她。我还不知道现在我将怎样。听不到她对党的事务的极中肯的忠告，我会痛感到是个损失。”恩格斯悲痛地给左尔格写信说。

1890年11月5日，马克思和恩格斯的女佣人及管家海伦·德穆特(琳蘅)逝世了，终年67岁。

琳蘅是马克思家乡特利尔的一个农村姑娘，自幼来到燕妮娘家做童工，料理家务，与燕妮自幼相濡以沫，成为一对好姐妹。她也亲眼看到马克思和燕妮真诚相爱，看着他们苦苦等待了七年……

革命环境净化了这个本来就纯朴的农村女孩子的心灵，她发誓终身不嫁人，一辈子做马克思和燕妮这对圣洁主人的管家，成为马克思几个女孩子最亲近的“尼姆”，成为马克思的家庭一员。

燕妮和马克思先后逝世，她又来到恩格斯家里操持家务，并帮助恩格斯管理马克思的遗著，直到恩格斯整理《资本论》最后一卷即告结束，她才结束自己的余光。

恩格斯一直把琳蘅当作自己的同志、朋友和亲人。琳蘅喜欢观看文艺演出，恩格斯经常安排她到伦敦公主剧院和利塞乌姆剧院去看戏；琳蘅患下肢风湿病和气喘病后，恩格斯请名医给她诊治，并亲自护理自己的“佣人”。他从来没有把她作佣人看待，就是她在马克思家里接待自己的时候，也没有这么另眼看过，一直把她当作马克思家里的主人看待，也像马克思那样，有时会向她讨一支雪茄烟抽抽，并陪她去公园散步。琳蘅晚年患病时，他就经常陪她到汉普斯泰特荒阜去漫游。恩格斯夜里写作时，为了不再劳累这位白天操劳一天的老女人，恩格斯常拒绝她煮夜宵，劝她晚上喝一点葡萄酒早些入睡。

恩格斯没有孩子，琳蘅的逝世同他妻子的去世一样对他打击非常之大，他在墓地痛苦地喊道:“我的房子里一向是阳光灿烂的，现在是阴沉沉的了！”

琳蘅逝世的几天之后,遵照马克思和燕妮生前的意愿,恩格斯把这位“佣人”——无产阶级的伟大管家、人类少有的崇高女性，安葬在马克思、燕妮的墓穴旁。

“我还不知道现在我怎么办？”年近古稀的恩格斯身边没有了半个人，他一筹莫展地写信给朋友。

后来，他找了一个解决的办法。他想到了路易莎·考茨基，她是卡尔·考茨基的第一个妻子，是一个年轻的女孩子。80年代中期，她住在伦敦时就对她有了好感。

1883年，考茨基同这位奥地利社会主义者路易莎相爱，当时他们遭到双方家庭的干涉。本来这种姻缘缔结是来之不易的，特别是路易莎，她为考茨基做出了很大牺牲。他们婚后五年的生活是和谐的，可是1888年10月，考茨基突然提出要和路易莎离婚。这个消息使恩格斯大吃一惊。

原来，在路易莎去维也纳照顾有病的母亲时，考茨基在他母亲与妹妹有意安排下，认识了阿尔卑斯山区一个年轻漂亮的姑娘蓓拉。不久，考茨基向路易莎提出离婚，并卖掉了家具，同他的弟弟汉斯一起去找蓓拉，准备和她结婚。

路易莎写信把这事告诉了慈父般的恩格斯，表示同意离婚。恩格斯痛恨考茨基在生活作风上不道德的行为，以敬佩的心情读着路易莎“了不起”的信,想到考茨基拿爱情当儿戏的轻率行为,他气愤地说：考茨基“道德败坏”，是个“傻瓜”和“下贱胚”，“总有一天早上，卡尔好像从沉睡中醒来一样，明白他干了一件一生中最大的蠢事。”果然，后来蓓拉很快又看中了考茨基的弟弟汉斯，五天之内两人就订了婚，考茨基陷入了自己造成的两头落空的尴尬境地。

路易莎1889年跟考茨基离婚后，恩格斯还继续与她通信，鼓励她正确对待，做自强、自信、自爱的新女性。这时，当他知道她还在维也纳当助产士，并没有再组合家庭，就高兴地向这位年轻人写了一封长信：

他告诉她，琳蘅在世时，多么希望路易莎在自己身边。他信中说：“我像尼米（琳蘅）一样讲过：唉！要路易莎在这里，该多好啊！但是对于实现这个愿望，我连想也不敢想。……不管怎样，要是我不立即把这当作首要问题向您提出，我就安不下心来。……不管是谁来管理我这个家，都不会没有当地一般人那种想法：一个妇女是干不了重活（体力劳动）的，可能我将不得已而寄居到一个非党同志的家里去……所以您只要看看家就行了，其余时间，都由您自由支配……

那时我们就能够在这里把一切谈妥，或者作为朋友留在一起，或者作为老朋友分手……我过于喜爱您,不希望您为我而有所牺牲……而正因为如此，我请您不要为我做出任何牺牲，并且请阿德劝阻您不要这样做，您还年轻。有着美好的前景，我再过三个星期就满 70 岁，毕竟活不了太久了。您不值得为我的残年而放弃年轻人的充满希望的生活。而且我还有力量克服困难。”

当恩格斯过 70 岁生日时，路易莎已决定留在伦敦不走了，住在恩格斯家里为他管家务和担任秘书工作。后根据晚年的需要，恩格斯还请了一个女厨师和一个女护士来帮助承担家务琐事，路易莎以她“天生的真诚”和牺牲精神，把恩格斯的家务安排得井井有条。他又高兴地告诉左尔格：

“路易莎·考茨基已留在我这里。这位可爱的女孩子为我做出牺牲，我是非常感激的，我又能安静地工作了，而且比以往任何时候都好，因为她同时又成了我的秘书。……我的房子里又充满了阳光。”

年轻的路易莎放弃了自己的职业，伴随这位敬爱的“伦敦老人”愉快度过最后五年光阴。

校订和翻译新版

马克思在世时,《资本论》第一卷德文出版了两版。出版商迈斯纳又在1881年冬天要求出《资本论》第一卷德文第三版。当时马克思健康状况很不好，他又在想尽办法尽快完成第二卷，以献给刚刚去世的燕妮。因此，出版商的这个要求来得很不是时候。

马克思不得不先放下了整理第二卷的工作，对第一卷只作少量的修改和补充，他想等待将来条件允许时再作大的修订，再把第一卷原文大部分作些改写，把一些观点表达得更明确，把新的论点增补进去，还要补充新的历史材料和统计数字。然而，可惜的是马克思连应付出版商这一版的修订工作也没有来得及完成，他就在写字台旁的安乐椅上永远地不能再拿起笔来了。

马克思去世不久,恩格斯在清理遗物中发现一个准备第三版用的德文本，其中有些地方已作了改动，有些地方则只能以颤颤悠悠的笔迹标明应按照法文版的某章某节进行修改，又发现了法文版，上面也标明了新版应采用的地方。这些材料为恩格斯校订第三版提供了依据。

校订第三版的工作量也很大。第一,许多章节马克思虽作过整理,但“整理理论部分几乎全部需要加工”；第二,《资本积累》那一篇，旧版的文体不够讲究，夹杂英文语气，有些地方不够明确，需要部分地根据马克思的批注本和部分地根据法文本做些修改；第三，交换价值和价值部分，需要根据马克思的修改稿加以补充；第四，文体方面也要做许多润色和订正。例如，法文本与德文本相比，有些地方过于简化，在按照法文本修改时就需要加工。当然，恩格斯有个修改原则，凡是不能够确定作者自己一定会作修改的地方，他一个字也没有改，也不能改。“我所出的应当是马克思的真正著作”。

经过恩格斯校订的《资本论》第一卷德文第三版，于1883年底在汉堡出版。

早在《资本论》第一卷出版前，马克思就打算出一个英文版，并希望德文的校对和英文的翻译同时进行。他写信对恩格斯说："在英文翻译方面，我非依靠你的帮助不可。"后来，由于找不到合适的译者和出版者，出版英译本的愿望长期未能实现。马克思去世后，客观形势的发展，把出英文版的事情提到了重要地位。因为《资本论》已"日益成为伟大的工人阶级运动的基本原则。不仅在德国和瑞士是这样，而且在法国、荷兰和比利时，甚至在意大利和西班牙也是这样，各国的工人阶级都越来越把这些结论看成是对自己的状况和自己的期望的最真切的表述。"特别是在英国，资本主义经济陷于绝望的泥坑，失业人数不断增加，工人运动不断高涨，起来掌握自己命运的无产者十分需要倾听马克思的声音。再加上，《资本论》中所阐述的理论，几年来为英美的刊物和著作经常提到，被攻击或辩护，被解释或歪曲，只有出版英译本，才能使广大读者从原著中直接了解《资本论》的内容。然而，当时英国已经出现了一些粗制滥造、漏洞百出、歪曲原意的译文，因此出版一本由恩格斯亲自校订的准确英译本，显得尤为重要。

马克思逝世后不久，恩格斯就开始着手准备出版英译本。他请了英国律师穆尔和马克思的女婿艾威林博士担任正文翻译工作，由马克思的小女爱琳娜负责对《资本论》中引用并由马克思译成德文的英文著作和蓝皮书中的许多文句进行核对，并恢复成英文。整个翻译工作统一在恩格斯指导下进行，他自己担负全书终审的责任。他对劳拉说："把《资本论》翻译成英文是一项非常艰巨的工作。先由他们翻译，然后我来审查译文并用铅笔写上我的意见。再把译稿退给他们。然后进行协商，解决有争论的问题。然后我得再通看一遍，从文体和技术角度检查一下，看是否准备好可以付印，同时还要检查一下杜西在英文原著中找到的引文是否正确。"

马克思为准备英译本写了修改意见，恩格斯为准确表达他的意思，解决了翻译中许多的疑难问题，经过三年多的辛勤劳动，人们盼望已久的《资本论》英译本于1887年1月在伦敦出版。从此英国广大劳动人民可以直接读到这部"工人阶级的圣经"。

1889年9月，恩格斯又开始准备《资本论》第一卷德文第四版。经过一年的努力，《资本论》第一卷德文第四版于1890年下半年出版。这是马克思恩格斯亲自出版的最后一个版本，也是第一卷最完善的版本，世界各国都是根据这一版对第一卷进行重印和翻译。

恩格斯在自己校订出版的《资本论》第一卷德文第三、四版和英文版中，都写了《序言》。

这位六十多岁的“伦敦老人”，棕色的头发还依然火一般旺，还找不出一根白发，加上琳蘅的帮助和疗养，他精神矍铄不减当年跃马扬鞭时。校订和出版《资本论》第一卷新版，这仅仅是恩格斯这个时期的一部分工作。他作为第二国际的顾问，还要观察和了解各国运动的发展情况，回答实际斗争中提出的一些重大问题，准备重印马克思和他自己的著作，完成马克思托付撰写的《家庭、私有制和国家的起源》等科学著作，收集写作马克思传记的材料……更重要的是还要着手整理和出版《资本论》的第二卷和第三卷。

整理和出版《资本论》第二卷

恩格斯在《资本论》第二卷的部分手稿整理中，看到了与自己相交四十年的亡友，顽强同病魔作斗争的痕迹……老人心里激动不已。他认为立即整理出版《资本论》续集，既是自己告慰战友英灵的最佳形式和内容，也是全世界整个无产阶级的期盼和完成自己历史使命所应尽的义务。

由恩格斯整理出版《资本论》续集也是马克思和马克思朋友的心愿。马克思在临终前曾嘱咐幼女爱琳娜,希望恩格斯根据《资本论》未完成的手稿，"做出点什么来"。马克思去世刚刚三天，倍倍尔就写信对恩格斯说："现在大家都关心的首先是这个问题，即，将怎样对待马克思未完成的著作《资本论》。法国的报纸已经报道，本地的报纸在转载，说你将担负起完成这部著作的工作，大家都希望这样，并且也只有你一个人能够胜任。"

情况也确实是这样的。第一，恩格斯最了解，最熟悉《资本论》的内容、观点和整个理论体系。因为马克思在研究经济，甚至在写作《资本论》的整个过程中，不断与他交换意见，他在曼彻斯特的 20 年资本家工厂生活，可以说是马克思研究经济工作的间接或直接的实际体验，许多复杂的理论和实际的问题，都是同他一起讨论解决的；第二，恩格斯有着渊博的学问，是"一部百科全书"，《资本论》这样的巨著，涉及许多科学领域，整理这部著作，不仅需要在政治经济学方面有高度的学术修养，而且需要通晓欧洲各国语言文字，具备哲学、文学、历史学以及许多自然科学专门知识，恩格斯具备这个条件；第三，恩格斯是当时唯一能够辨认马克思笔迹的人。《资本论》手稿中的潦草和笔迹，大量的编写字句，有时马克思自己事后看起来都感到困难。只有恩格斯"才能辨认这种字迹，这些编写的字以及整个编写的句子。"

3 月 25 日，恩格斯高兴地写信告诉劳拉："从马克思的遗稿中找到一个大包，里面是《资本论》的手稿，共有对开纸 500 多页。"

4 月 2 日，又写信告诉拉甫罗夫，找到了《资本的流通》和《总过程的各种形式》的手稿，约有对开纸 1000 页。

4 月 11 日，他很有信心地对纽文胡斯说：“无论如何，主要的东西已经有了。”

马克思在写作《资本论》第一稿时，已经涉及资本流通过程的内容，在《资本论》第二稿中已经对资本的流通过程作了专门的研究。第二卷写作主要是从 1865 年开始的，恩格斯找到了马克思在不同时期写成的有关《资本论》第二卷的八份手稿。第 1—4 稿大约写于 1865—1870 年；第 5—8 稿大约写于 1877—1881 年。材料证明,他在“公布的经济学方面的伟大发现以前，是以多么无比认真的态度，以多么严格的自我批评精神，力求使这些伟大发现达到最完善的程度。”

大约过了半年，恩格斯才从材料中全部熟悉第二卷手稿的内容。《资本论》第二卷研究了资本的流通过程，包括资本循环，资本周转和社会资本再生产三篇，其要点分别在于说明资本运动的连续性、资本运动的速度，资本运动的条件，进一步阐明资本主义生产关系的本质，揭示了它的不可克服的深刻矛盾。恩格斯对二卷给予了极高的评价，认为它是“对资本家阶级内部发生的过程作了极其科学、非常精确的研究”，“是异常出色的研究著作，人们从中将会第一次懂得什么是货币,什么是资本,以及其他许多东西。”但是，它毕竟是一部在十几年时间里断续写成的手稿，因此不可避免地带有手稿的不成熟性。例如，材料的主要部分虽然实质上大体完成，但文字没有经过推敲，用语措辞不够讲究；夹杂英法两种文字的术语，常常出现整句甚至整页的英文；有些部分作了详尽的论述，而另一些同样重要的部分只作提示；用作例解的事实材料搜集了，但几乎没有分类，更谈不上加工整理；有些章节的结尾，由于急着要转入下一章，往往写下几个不连贯的句子，表示这里的叙述还不完全等。

显然，这是项为人做嫁衣裳的艰巨的任务。可是恩格斯却说：“我喜欢这种劳动,因为我又和我的老朋友在一起了。”他还说,整理这些珍贵的手稿，对他来说是最大的科学享受。

恩格斯在整理出版第二卷时，为自己确定了这样的原则：“使本书既成为一部连贯的,尽可能完整的著作,又成为一部只是作者而不是编者的著作。”

自从 1883 年 3 月中旬开始，这项“绞尽脑汁”的工作开始了。

第一步是辨认笔迹，誊清手稿。先得做完这一步，真正的整理工作才能开始。除了恩格斯，没有其他人能够辨认这些手稿，开始时，恩格斯自己边辨认边誊清稿子。1883 年 10 月，这样坚持七个月后，老人劳累过度而病倒。后来考虑到任务确实艰巨，自己身体不好，从 1884 年初他请了秘书埃森加尔滕帮助抄写。每天上午 10 点至下午 5 点，他躺在沙发上向秘书口授书稿，由秘书誊写，晚上他再对誊清的稿子进行加工。

第二步是选择文稿和重新安排结构。在第二卷的八份手稿中，第 1 稿和第 2 稿比较完整,其余各稿都是在不同的时期写成的带有片段性质的修订稿，没有一份完整的稿子。要从这许多份手稿中搞出一份定稿来是一件十分吃力的事情。恩格斯细心研究对比各份手稿的内容。由于晚年的文稿在理论上最为成熟，因此他决定以最后的文稿为根据，并参照以前的文稿。第一篇《资本论形态变化及其循环》选自第 4、5、6、7、8 稿和马克思 1877 年或 1878 年笔记本中一个长注；第二篇《资本周转》大部分选自第 2 稿，一部分选自 4 稿；第三篇《社会总资本的再生产和流通》大部分选自第 8 稿，一部分选自第 2 稿。这两个手稿写成的时间相隔 11 年之久，马克思从完全不同的方面考察社会再生产。恩格斯把两个手稿有机地连接起来。经过他的精心选择和安排，由这些取之不同稿本的内容形成一部完整的著作。马克思在第 1 稿和第 2 稿中，拟了两份关于《资本论》第二卷的计划，把全卷分成 3 章 11 节 17 小节。恩格斯基本上按照马克思的分章原则，把 3 章编成 3 篇，把 11 节扩编为 21 章，把 17 小节扩编为 45 小节。一些章、节的标题，也是由恩格斯根据正文的内容加上的，重新安排后的结构，严谨、分明。

第三步是修正和补充正文。恩格斯说：“我只是把这些手稿尽可能逐字地抄录下来；在文体上，仅仅改动了马克思自己也会改动的地方，只是在绝对必要而且意思不会引起怀疑的地方，才加进几句解释的话和承上启下的字句。意思上只要略有疑难的句子，我就宁愿原封不动地编入。我所改写和插入的文句，总共还不到十个印刷页，而且只是形式上的改动。”事实上，他的改动绝不仅仅限于“形式上”，改动的地方也不少。如第 2 篇第 15 章，马克思对周转时间对预付资本作了非常复杂、不厌其烦的计算。恩格斯把计算大大简化。他在说明这样做的原因时写道：马克思把一件实际上并不怎么重要的事情看得过于重要了；而且“马克思虽然精通代数，但也对数字计算，特别是对商业数字的计算，还不太熟练，尽管他在留下的大包练习本中，亲自用许多例题演算商业上的各种计算方法。各种计算方法的知识，和商人日常的实际计算的习惯完全不是一回事，而他又如此纠缠在周转的计算中，以致除了有一些未完成的计算外，最后还出现了一些不正确的和互相矛盾的地方。在前面印的各个表格中，我只保存了最简单的和计算正确的部分。”

最后一步是编辑加工和文字润色。

恩格斯从开始整理手稿到正式出书，至少对文稿作了五次整理和修改；自己誊清和向秘书口授，口授后检查对照，选择和编排付印文稿，看清样和准备出第二版。最后定稿的第二卷在篇幅上只相当于马克思遗留下来的手稿总篇幅的三分之一，但这已包括了马克思关于第二卷计划的全部内容。马克思的手稿理论内容是异常精彩的，但由于它并不是为了供直接付印的使用的定稿，有的地方仅是作者按原始思路把材料流水样直接记录下来的，“就是马克思自己准备付印，他无疑也会作这样的压缩和删节。”

1885 年 5 月 5 日，正是马克思生日的这一天，恩格斯写了第二卷的序言，说明了各篇手稿的情况和整理手稿的原则，反击了德国资产阶级庸俗经济学者洛贝尔图斯所谓马克思“剽窃”了他的理论的胡说，论述了古典经济学家李嘉图学派在剩余价值问题上解决不了的问题和马克思创立剩余价值理论的伟大功绩，他在序言的最后写道：“这个第二卷的卓越的研究，以及各种研究在至今几乎没有人进入的领域内所取得的新成果，仅仅是第三卷的内容的引言，而在第三卷，将阐明马克思对资本主义基础上的社会再生产过程的研究的最终结论。”

1885 年 7 月初，“内容博大精深、逻辑严密、叙述连贯、文字流畅”的《资本论》第二卷，在汉堡出版发行。

十年一卷

“《资本论》第二卷的最后部分明天寄出，后天我就开始搞第三卷。”1885年2月22日，恩格斯写信告诉施留特尔。

一本原以为几个月或一年就可以整理完成的第三卷，实际却花去他人生最后的十年时间。

在整理过程中，恩格斯一次又一次地为亡友发出惊叹：

4月14日，他写信告诉倍倍尔：“是卓越的，出色的，这对整个旧经济学确实是一场闻所未闻的变革。只是由于这一点，我们的理论才具有不可摧毁的基础，我们才能在各条战线上胜利地发动起来。”

4月23日，他又对十分关心第三卷的《资本论》俄文译者丹尼尔逊说：“是圆满完成全著的结束部分，甚至使第一卷相形见绌。……这个第三卷是我所读过的著作中最惊人的著作。……最困难的问题这样容易地得到阐明和解决，简直像是做儿童游戏似的，并且整个体系具有一种新的简明的形式。”

最使恩格斯惊异的是，尽管马克思是在60年代的初期已经写出第三卷的重要部分，60年代中期已经完成全部手稿的写作，但由于他极端严肃认真的态度，在自认为稿子没有彻底完善以前，绝不肯公之于众。恩格斯研读了全部手稿后，十分感慨地说：“一个有了这么巨大的发现，实行了这么完全和彻底的科学革命，竟会把它们在自己身边搁置20年之久，这几乎是不可想象的。”

第三卷揭示和说明了资本运动过程作为整体考察时所产生的各种具体形式：产业资本、商业资本、借贷资本、农业资本；研究剩余价值在各个剥削阶级集团之间的分配；解决曾经使李嘉图学派崩溃的难题——等量资本获得等量利润不仅不会违背价值规律，而且必须在价值规律的基础上加以说明。

整理工作从1885年2月下旬开始。辨认笔迹，口授和誊清手稿的工作花了大半年时间。到11月中旬，这项工作才初步完成。接着便进入真正的整理阶段。在篇幅达70印张的第三卷手稿中，马克思只划分为7章，各章都未分节。这对阅读很不方便。恩格斯以马克思的分章为基础，依据手稿的内容，重新安排篇章结构，把手稿的7章分为7篇52章；有些内容较多，理论上又能分开的，章内再分若干节，并加上章节标题。

第五篇的整理工作遇到了真正的困难。这一篇是探讨本卷理论上最复杂的"利润分为利息和企业主收入及生息资本"的问题。马克思在写作这一篇手稿时，旧病复发并加重了，"因此，这一篇不但没有现成的草稿，甚至没有可以提供轮廓、以便加以充实的纲要，只不过是开了一个头，不少地方只是一堆未经整理的笔记、评述和摘录的资料。"恩格斯先按照整理第一篇的方法，把空白补足，把只有提示的片段进行加工；但后来觉得这条路行不通。因为这样做，需要补写和加工的内容太多，最后搞成的东西，与马克思手稿的差别太大。这不符合整理《资本论》的原则。于是他尽可能根据整理现有的材料，作一些必不可少的补充。如一篇题为《混乱》的东西，马克思摘录了英国议会关于1848和1857年危机的报告，汇集了23个企业主和经济学家关于货币和资本、贵金属的流动、过度投机等的证词，有些地方还加了简短的评注。恩格斯把这些材料加以挪动、删节和加工，一部分用于第31章，其余部分编成第33–35章。采用这种方法，成功地把马克思所有同这个问题有关的论述和资料都收进正文。

另外，第三卷的手稿写于19世纪60年代，20多年后才来整理这份手稿，资本主义经济状况已经发生了很大变化。于是恩格斯还得简要地分析资本主义经济发展的新情况和新问题，并注意保持同原文更加完整和连贯。

在漫长的整理过程中，恩格斯一再咬定："简直不允许，坚决不允许再有任何中断。"然而，面临着的其他困难更难以摆脱。

各国工人阶级迫切需要用马克思主义理论武装自己，强烈要求再版一些马克思和恩格斯的早期著作。《共产党宣言》《雇佣劳动与资本》《哲学的贫困》《英国工人阶级状况》和《资本论》等，都需要重印翻译和再版，并都要求恩格斯校订、编选、作序，工作量非常之大。仅仅英译本的工作就几乎占用了他一年的时间。年近古稀的老人，"白天我约从十点工作到五点，而晚上，除了接待客人，我还要……校订我们的著作的法译文、意大利译文、丹麦译文和英译文（包括《资本论》的英译文），我真不知到哪里去找时间来做其他工作。"

筹备第二国际，与无政府主义者作斗争，这更占去了他大量的时间。加上眼病引起视力衰退，恩格斯不得不缩短工作时间，有时一天只能工作两三个小时，有时甚至完全不能工作……

1894 年，整理《资本论》第三卷的工作历时十年才全部结束。这年底，第三卷终于在汉堡出版。

列宁说：“恩格斯出版了《资本论》第二卷和第三卷，就是替他的天才的朋友建立了一座庄严宏伟的纪念碑，在这座纪念碑上，他无意中也把自己的名字不可磨灭地铭刻上去了。”

抢救第四卷

年近70的恩格斯，因长期带病与那些很难辨认的手稿打交道，眼疾一天天加重。他感到自己有些力不从心了，如果完全由自己口授原稿，进度太慢，一旦自己双目失明或离开人世，《资本论》最后一部手稿的整理出版就会遇到无法克服的困难。

恩格斯生活照

1889年初，恩格斯征得马克思幼女爱琳娜的同意，决定在他指导下，让伯恩施坦和考茨基学习辨认马克思的笔迹，并开始着手整理第四卷手稿。

1889年1月28日，恩格斯向考茨基提出这个建议时写道：

“我预感到，在最好的情况下，我也还需要长时期地保护我的眼睛，以便恢复正常。这样，我至少在几年内不能亲自给人口授《资本论》第四册的手稿。

“另一方面，我应当考虑到，不仅使马克思的这一部手稿，而且使其他手稿离了我也能为人们所利用。要做到这一点，我得教会一些人辨认这些潦草的笔迹，以便必要时代替我，在目前哪怕能够帮助做些出版工作也好。为此我能够用的人只有你和爱德。所以我首先建议，我们三个人来做这件事。

“而第四册是应当着手搞的第一件工作，可是爱德完全陷于《社会民主党人报》编辑部的工作，以及同这里的业务有关的种种困难和纠纷之中。但我认为，你会有充分空闲的时间，经过某些训练和实习并在你的妻子的帮助下，比如在两年内把大约750页原稿转写成容易读的稿子……只要你略微学会辨认笔迹，你就可以口授你的妻子，那么事情就会进展很快。

“归根到底，问题涉及将来某个时候出版马克思和我的全集，这一点我在世的时候未必能够实现，而这也正是我所关心的事。我也对杜西谈过这一点。我们能从她那里得到全力支持。一旦我教会你们两人能容易地辨认马克思的笔迹，我就如释重负了。那时我可以少用眼睛，同时又不至于忽略这项非常重要的义务，因为那时，这些手稿至少对于两个人不再是看不懂的天书了。”

后来，考茨基同意接受了恩格斯的建议，从维也纳来到“伦敦老人”的身边学习辨认马克思的笔迹。考茨基学会辨认笔迹后，先读手稿，并把它抄出来，然后由恩格斯审读并根据其他手稿加以补充。恩格斯对这种工作方法表示满意。

但考茨基并没有按照恩格斯的要求在伦敦工作两年，他不久就离开了伦敦，并带走一本手稿。后来的好几年，他根本没有从事这一工作，也不再向恩格斯提起此事，恩格斯于 1893 年 3 月 20 日写信向考茨基追回手稿。当时他考虑过让爱琳娜学习辨认笔迹，这个计划未能实现。

《资本论》第四卷——《剩余价值理论》的手稿，恩格斯生前未能出版。这部手稿在他逝世后由爱琳娜保存，爱琳娜去世后，由劳拉保存。

恩格斯生前是指定倍倍尔和伯恩斯坦为他的遗著继承人。可是伯恩施坦后来叛变革命，公开反对马克思主义。由于当时的考茨基修正主义面目还没有彻底暴露，根据其掌握了马克思笔迹的这个基础，马克思的二女劳拉便把由她保管的《剩余价值理论》等手稿交给他整理出版。

考茨基于 1905—1910 年以《剩余价值学说史》的书名出版了马克思的《剩余价值理论》。手稿的公开发表，为各国马克思主义者提供了反对资产阶级的新武器。但是，考茨基违背了马克思恩格斯的明确指示，不是把这部著作编成《资本论》第四卷，而是作为“与《资本论》三卷平行的著作”。从而割断了它与《资本论》前三卷的逻辑联系，损伤了《资本论》这部伟大著作的完整性和内容上的科学性。这是《资本论》留给后人和他的英灵的一点遗憾。

七十寿辰

琳蘅是几个星期前去世的，恩格斯心里还很沉重。身边没留下孩子，老人失去了照料的人……朋友们都关心体贴恩格斯晚年的工作和生活。

朋友左尔格劝恩格斯晚年迁居美国的好意他拒绝了，要他迁居大陆瑞士过“休闲”的日子他不去。这位执拗的老人依然留在“伦敦二老”的革命指挥中心，继续着亡友尚未完成的伟大事业。

路易莎来了，她乐意接替琳蘅，留下不走了。老人抹平了哀思，重振生活的勇气和活力。

礼仪、电报、信件、礼物和文件像雪片似的从柏林、汉堡、佐林根、莱比锡和斯图加特、巴黎、维也纳各地飞来了……

恩格斯得知各地党组织和友人要为他庆祝七十寿辰，便婉言谢绝。他在11月26日给左尔格的信中写道:“我希望，所有这一切都赶快过去，我远没有祝寿的情绪，而且这完全是不必要的热闹，我无论如何不能忍受，而且归根到底，我主要是靠了马克思才获得荣誉！”后来在德国社会民主党人倍倍尔等人一再要求下。他才勉强同意他们少数几个人来伦敦，只在自己家中举行私人聚会。他最后自我安慰说:“一个人只能庆祝一次七十寿辰。”

1890年11月28日，恩格斯七十岁生日。

今天星期五，瑞琴特公园路122号，高朋满座，宾客盈门，老人没能谢绝大家的一片盛意，都来向恩格斯表示热烈的祝贺。客人频频举杯，开怀畅饮；恩格斯也兴致勃勃，毫无倦意，像年轻人一样异常活跃。

他一手端起香槟酒，唱起青年时代唱过的古老的大学生歌曲，还唱起英国古老的政治民歌《布雷的牧师》，恩格斯曾经把这首歌词译成德文发表过。

老人浑厚、洪亮的歌声后，盖过一阵阵掌声——“再唱一曲，再唱一曲，唱出了精神，越唱越年轻……”

“大家欢迎，欢迎亲爱的恩格斯为自己的生日再唱一曲！”

酒馆老板快拿酒，
斟满杯子任它流。
今朝有酒今朝醉，
明日无酒水为友。

老人又唱起了《资本论》英译者穆尔爱唱的这首《饮酒歌》。

一阵“乌拉”和掌声后，恩格斯又用俄语背诵了一大段普希金的长诗《叶甫盖尼·奥涅金》：

我们求学的途径虽然各不相同，
但都不是不学无术的人，
谢谢上帝的恩典，
使我们都能炫耀一下才能。
按照许多人的意思，
（这些评论者都是举足轻重而又苛刻的人）
都说奥涅金少年博学，
但是过于矜持不逊。
他的才华得天独厚，
真可以说应答如流谈笑风生。
重大的争辩他不发一言，
以保持学者应有的身份。
但为了博取夫人小妞的一笑，
突然说句俏皮话像火星那样射出光明。
现在，懂拉丁文已经不算时髦，
不过有个事实要让你们知道，
他拉丁文虽然懂得不多，
不过要讲解铭言箴语却不嫌少。
谈起尤维纳利斯他不会无言以对，
在信尾也会顺手加上一个 vale［安好］，
《亚尼雅士之歌》他虽然没有熟读，

但其中有两首大体还能记牢。
对于地球上逝去的史实，
和编年史中以往的陈迹，
要耐心地加以发掘，
他却没有这种嗜好。
然而从罗穆洛直到如今，
一切朝野小史他都件件知道。

他没有忘我的激情，
为诗文献出自己的生命。
虽然我们为他绞尽脑汁，
他却连音韵格律也分不清。
荷马、忒俄克里托斯他都咒骂，
但是读过亚当·斯密的作品。
他成为博学多才的经济学家，
也会有条有理地向你说明：
国家怎样才能繁荣昌盛，
为什么当它拥有普通的产品，
竟会不需要珍贵的黄金。
父亲对他怎么也想不清，
还依然以抵押卖地为生。

寿宴一直延续到第二天清晨三时半才结束。德国国会的社会民主党党团给老人送了一本精美的相册，里面有全体党员的照片；狄茨留下一本很好的慕尼黑绘画陈列馆的照片画册；佐林根人留下一把刻了纪念字样的小刀……朋友们留下礼物，依依离去。

生日过后，恩格斯对朋友和同志们的贺信、贺电亲自写信答谢。写信给德国的《柏林人民报》，给匈牙利的《工人纪事》周报，给《人民言论》报和法国工人党全国委员会……请它们向所有的朋友和同志们转达他的谢意。

“人们在上星期五纷纷向我表示的那些尊敬，大部分都不属于我，这一点谁也没有我知道得清楚。因此，请允许把您对我的热情赞扬大部分用来悼念马克思吧，这些赞扬我只能作为马克思事业的继承者加以接受。至于我能够恰如其分归于自己的那一小部分赞扬，我将竭尽全力使自己当之无愧。”这是恩格斯给俄国朋友拉甫罗夫的信。

1891年11月28日，伦敦德意志工人共产主义教育协会歌咏团为恩格斯71寿辰准备了一场音乐会，邀请恩格斯出席。恩格斯当天才知道这件事，并为自己未能及时阻止而深感不安，他立即给歌咏团写信婉言谢绝：

“马克思和我都从来反对为个别人举行任何公开的庆祝活动，除非这样做能够达到某种重大的目的；我们尤其反对在我们生前为我们个人举行庆祝活动。”他恳切地表示，为了报答同志们的深厚情谊，“我将以我还余下的有限岁月和我还有的全部精力，一如既往地完全献给我为之服务已近五十年的伟大事业——国际无产阶级的事业。”

“把自己分解成两个恩格斯”

“铛铛铛，铛铛铛……”

一楼厨房的小锣声敲了一阵又一阵，恩格斯却还在二楼的工作室不肯下来。这是琳蘅特备催恩格斯停止工作去吃饭一面警锣，路易莎和后来的女厨师都用上它。一遍又一遍的锣声过后，路易莎不得不上楼敲开他的工作室间。要是琳蘅真会提着小锣挂在老人的耳朵上去敲，他才不得已倒“八”字举起双手，作投降状，又伸了伸快要折断的腰肢，乖乖走下楼来。

也难怪啊！老人要观察欧美一二十个国家工人运动的情况。指导德国社会民主党活动，帮助创造法国工人党，欢呼英国的工人运动，寄希望于俄国革命，建立真正的国际组织……每天送到他手中的日报就有 7 份：德国的 3 份，英国的 2 份，意大利和奥地利的各 1 份；还有 19 份周报：德国 2 份，奥地利 7 份，美国 3 份，意大利两份，法国、波兰、保加利亚、西班牙、捷克各 1 份。他要与欧美各国的同志和朋友用 10 来种语言通信，从罗马到纽约，从彼得堡到得克萨斯，待复的信件把他的书架塞得满满的。从 1883 的 3 月到 1895 年 7 月，恩格斯共写了 1154 封信，平均每年 96 封，每个月 8 封。他还要在家中接待各国党和工人运动的领导人和追求进步的青年、慕名而来的学者及各报纸杂志的新闻记者……

无论工作怎样繁忙，他不会有丝毫的草率，一封信、一个建议、一篇文章、一句话，他要深思熟虑，反复推敲。他说看校样“是一项非常艰巨的工作，每一印张都要核对三次。”最后的十多年间，他校对了《资本论》二、三卷及其他著作数百万字的清样。“我已经很习惯于看两份校样，一份核对一般的意思，另一份校正个别的排印错误，如果没有这样做的可能，就要在文章中出明显的笑话。”“为了找出差错，我就得钻到通常的排印差错中去！”尽管忙，他的书房干净利索，地板上没有一片纸屑。在两间宽敞明亮的房间里，靠墙摆满了书橱，书桌上的书刊也不乱放，所有的东西都整齐放在应该放的地方。

恩格斯的足迹踏遍了欧洲的山山水水，考察各地风土人情，广泛接触社会，增长见识，宣传社会主义和共产主义思想。年轻时，他在不来梅当店员期间就作过一次长途旅行，从不来梅启程，南下汉诺威，经过威斯特发里亚到达科伦，然后沿莱茵河顺流而下进入荷兰境内，在鹿特丹西渡加来海峡，到达英国首都伦敦，再从伦敦乘火车北上利物浦。这次旅行，使他第一次接触到现代资本主义的文明。后来，他又和白恩士姐妹两次到爱尔兰考察，南到意大利，北到瑞典和丹麦。

1888 年 8 月 8 日下午 5 点钟，年近古稀的恩格斯和肖莱马以及爱琳娜、艾威林一起，乘坐“柏林号”轮船在英国的利物浦港启程，开始了横渡大西洋的美国之行，实现他由来已久的愿望。

8 月 17 日，恩格斯一行顺利抵达纽约。在纽约会见了老战友左尔格和英国工人运动活动家哈尼的夫人，还会见了《英国工人阶级状况》一书的英译者威士涅威茨夫人。他先后游览了纽约、波士顿、康克德等城市，观赏了世界著名的尼亚加拉大瀑布。接着，又乘轮船沿着安大略湖驶往劳伦斯河，顺流而下到达加拿大的蒙特利尔，然后回到美国的普拉茨堡。9 月 19 日，恩格斯一行乘坐当时最大的远洋客轮“纽约号”离开美国，29 日返回伦敦。

这次美国旅行历时五十多天，对美国留下了深刻的印象。他认为发展新兴国家，多么需要有美国人那种近乎狂热的事业心。回伦敦后，他写信给一位德国朋友说：

“我对美国很感兴趣；这个国家的历史并不比商品生产的历史更悠久，它是资本主义生产的乐土，应该亲眼去实际看一看。”

恩格斯还游览了康克德监狱：“在康克德参观了感化院和市容。二者我们都非常喜欢。在监狱里，犯人看小说和科技书籍，成立了俱乐部，开会没有狱吏参加，每天吃两次肉和鱼，而且面包随便吃。那儿每个工作场都有冰水，每间牢房有自来水，牢房还挂有图片等东西，犯人穿的和普通工人一样，能够正眼看人，没有一般罪犯那种有罪的模样。这是在全欧洲看不到的，欧洲人正像我对院长说的，没有足够的勇气这样做。而他按地道的美国方式回答我：‘是啊，我们是竭力设法做得合算，果然是合算的。’在那儿我对美国人充满了极大的敬意。”

1890 年夏天，七十高龄的恩格斯在肖莱马的陪同下，游历了挪威，饱赏北欧异乡的奇特风光，并不辞辛劳走访了生活在北极圈内的拉普人，用丹麦语与身材矮小的拉普人交流思想。

恩格斯好动。除旅游外，他爱好各种体育活动，喜欢击剑、骑马越野、体操、散步。动中有静，张弛有度又是他特有的性格。他的生活像交响乐章一样，既有紧张的节奏，又有轻松的旋律。读书、素描、唱歌他可一坐半天不起身来，他还有集邮、玩牌、种花、养金丝雀、小猫、小狗、刺猬等小动物的爱好。以丰富多彩的文体生活，换来充沛的精力从事紧张的工作。

工作起来，他一般总要到半夜过后才睡觉。列斯纳说："他热心支持争取八小时工作制的斗争，而自己则经常一天工作十六个小时，直到深夜。"早饭前先吃些水果，这是他访美回来后的新习惯。吃过早饭，先阅读报纸杂志，处理各地来信，做些日常工作，午饭后，到附近的樱草丘或瑞琴特公园里散步，接着回家工作；晚上 6 点左右，在锣声催促下吃晚饭。饭后喝一杯茶，先小睡一会儿，接着坐在壁炉旁继续工作直至深夜。

1894 年 12 月 17 日，恩格斯给劳拉写信说："我的状况如下：七十四岁，我才开始感觉他，而工作之多需要两个四十岁的人来做。真的，如果我能够把自己分成一个四十岁的弗·恩格斯和一个三十四岁的弗·恩格斯，两人合在一起恰好七十四岁，那么一切都会很快就绪，但是在现有的条件下，我所能做的，就是继续我现在的工作，并尽可能做得多些好些。"

向全世界开放的“家”

老人从1870年9月起住在伦敦西北区瑞琴特公园路122号，一幢伦敦典型的单元式三层楼宅院，坐落在樱草丘旁边，掩映在绿树丛中。底层是厨房、浴室、洗衣间；此外，还有贮煤藏酒的地窖。第一层是起居室，第二层是恩格斯的书房和工作室，铺有地毯，陈列着钢琴和书柜。再上一层有三间卧室。院内还有一个小花园。

“这个家门是向全世界开放的。”客人们常说。恩格斯给劳拉的信中也写道：“伦敦都是俄国、意大利、阿尔明尼亚和其他国家的流亡者，他们时常光临我处。”

尤其是节日来临，同志们知道他身边没有孩子热闹，远近的朋友都纷纷赶来，一楼的贮酒窖从早到晚洞开着，厨房里忙得措手不及，这位当年的“屠夫”就挥刀上阵……盛情接待这些不速之客。

雪梨酒、波尔多酒、香槟酒、比尔森啤酒、龙虾沙拉、牡蛎、威尔干烤羊肉、爱尔兰焖肉、柏林小甜面包，维也纳烤饼、土豆饼和面条等一些适合各国籍客人口味的酒菜，任由客人自己选择。

艾威林回忆说：“恩格斯家是以英国方式庆祝圣诞节的，和查理·狄更斯在《匹克威克外传》一书中所作的精彩描述很相似。房间里装饰着各种各样的绿色树枝，在树枝中间合适的地方露出背信弃义的槲寄生树枝，每个男子有权同在树枝下面站着或经过时被抓的任何女人接吻。至于酒席，主菜是一只很大很大的雄吐绶鸡，如有可能，还有一只煮熟的大火腿作补充。几道副菜都是加上了上等烧酒烹调的，其中的甜食叫 tipsy-cake（直译是醉蛋糕），名称本身就说明了这点。当天的荣誉菜是葡萄干布丁，它是在灯光熄灭以后，放在燃烧着的甜酒里端下来分给大家的。每个人都必须拿一份受过好烧酒洗礼的带着火的布丁，这样就可能使那些一上菜就不断喝酒而不能适可而止的人酩酊大醉。”

聚会上，宾主举杯，他们用德语、英语和法语交谈，恩格斯还要给大家担任翻译。这种聚会，也常变成了政治思想交流会和理论研讨会；谈古论今，海阔天空更是朋友们的乐趣。老人机智而诙谐和爽朗的笑声自始至终是聚会的“主旋律”。

来恩格斯家里的，并不尽是社会主义者，也有民主派以至保守派人士。恩格斯认为，来的都是客人，都应坦诚相处。欧根·奥斯渥特不是社会民主党人，而是一个民主派人士，因早在巴登—普法尔茨战场上就已认识他，他一直是恩格斯家里受欢迎的朋友。德国社会保守党人、经济学家、《柏林评论》编辑鲁道夫·迈耶尔博士，在伦敦逗留期间，也是家里的常客。恩格斯不同意他的政治观点，但是赞赏他在受俾斯麦政府迫害时，宁可被放逐也不愿向反动当局折腰的精神。“这个典型的易北河东部人并非戒酒主义者。一天晚上，他在恩格斯那里喝了个痛快。他知道自己的地位，一遍又一遍地用有些发硬的舌头喊道：‘不，人家会对我说，我这个普鲁士保守派，有一天在伦敦这个地方，在革命的共产党人身边喝醉了’。”

格尔拉赫也说：“尽管我一开始就向他解释，我不是社会民主党人，而是基督教社会党人，但他还是非常友好地接待了我这个年轻人，并一再邀请我到他家里去。我原来想象，他或许是个心胸狭窄的狂热党徒，但是，他能如此精辟地、实事求是地阐述自己的观点，是我想象不到的。”

当然，那些无产阶级事业的敌对分子叛徒来到他家里时，老人却是毫不给情面的，1888 年 12 月的一个星期天，英国社会党人赫丁利假惺惺地来到恩格斯家中，这人多次发表攻击马克思和他战友的文章，是英国的和法国两派之中的主要中间人。恩格斯告诉左尔格说：“这个无赖曾在这里公开的国际工联代表大会当翻译，有一个星期日，在安塞尔和万贝韦伦的保护下，竟厚颜无耻地到我这里来了。施留特尔到你那里会告诉你我是怎样把他赶走的。”

在这个家里，老人还常把年过七旬而多病的英国工人运动活动家——哈尼老人接过来小住疗养，这里还常见一些贫困的爱尔兰工人、落荒的法国农民和一些流亡的大学生在家中“避难”……

因此，他晚年的接待之多，家中除请管家外，还专请了厨师和护士，他的年轻秘书和管家路易莎同路德维希·弗赖贝格尔博士结婚后，夫妻双双都被留住在 122 号的三楼，老人家中又多了一个医学博士的接待员。

“五一”节，旗的世界

1889 年 7 月，在巴黎召开的国际社会主义者代表大会上，以雷鸣般的掌声一致通过一项决议：为支持 1886 年 5 月 1 日美国工人争取实行八小时工作日的斗争，加强各国无产阶级的战斗团结，决定从 1890 年起，每年 5 月 1 日，各国工人举行示威和集会，要求实现八小时工作制。恩格斯说：“关于五一的决议是我们的代表大会通过的最好决议，它证明了我们在全世界的力量，它比任何形式上的做法更好地使国际得到复兴。”这时，恩格斯正七旬高龄，在晚年有限的光阴里，他以一个革命战士的身份积极参加伦敦每年“五一”节的群众集会。

1890 年 5 月 4 日，星期日，多雾的伦敦天气格外的晴朗。海德公园里，石竹、樱桃、苹果、山楂、乌荆子、金雀……一切在春夏之交的季节里躁动不安，挺胸露怀，展现自我。这一天，五月的第一个星期日，伦敦的工人首次举行了“五一”集会游行，工人们奏着乐曲，呼唤着口号，挥舞着红旗，从伦敦各条街头游行而来，云集海德公园举行庆祝大会。公园里设了七个讲坛。恩格斯在拉法格、艾威林和爱琳娜等人的陪同下，兴致勃勃地来到海德公园。他拄着手杖，精神抖擞、健步登上第四号讲坛。一块长一千二百公尺，宽四五百公尺的大草坪上，人的潮水，歌的声威，红旗的海洋……拉法格的演说更是振奋人心。恩格斯激动得老泪纵横……他心里在想，42 年前，当马克思和他发出“全世界无产者，联合起来”的战斗号召时，响应者寥寥无几，现在，欧美无产阶级正在检阅自己的力量，他们第一次在红旗下组织成一支浩浩荡荡的大军；今天的情景定会使各国资本家和地主知道，全世界的无产者已经真正联合起来……啊！如果马克思能活到今天，同自己站在一起亲眼看见这种情景那该多好啊！

1891 年 5 月 3 日，从下午两点半开始，浩浩荡荡的工人队伍从四面八方向公园拥来，直到五点钟还不断有队伍开来。这一次参加游行集会的群众有 50 万人之多，公园的草坪容纳不下，恩格斯在摆成大弧形的讲台上坐在第六号位置上。前一天，恩格斯为再版马克思的《雇佣劳动与资本》写了导言：“一个新的社会制度是可能实现的，在这个制度下，现代的阶级差别将消失；……工人们正日益充满决心地争取这个新的社会制度，那在大洋两岸都将由明年的 5 月 1 日和 5 月 3 日的星期日来证明。”

1892 年 5 月 1 日，多雾的伦敦又一个格外好的天气。英国工人举行第三次声势浩大的庆祝活动。海德公园游行集会的规模超过前两次，达 60 万人。与恩格斯一起登上讲台的还有来自德国、法国、俄国、波兰、西班牙和奥地利等国的社会主义者，恩格斯坐在第十四号讲台最引人注目的地方。第二天伦敦《每日写真报》刊登了一幅描绘这个讲台场面的宣传画。

1893 年，73 岁的恩格斯第四次与各国社会主义者一起参加了海德公园的五一节集会。这也是这位老人最后一次参加公园里盛大国际劳动节庆祝活动。这天晚上，恩格斯还在家中和许多朋友聚会一场。

节日前夕，恩格斯还分别给德国、奥地利、捷克、法国和西班牙的工人写信，向他们致以节日的敬礼。他在给西班牙工人的信中，满怀豪情地说：

“五月一日标志着一个清楚而明显的形势——出现了两个截然不同和彼此对立的阵营：一边是在普遍解放的红旗下走向胜利的国际无产阶级，而一边是为了维护自己的剥削特权而联合起来的各国有产阶级和反动阶级。斗争已经开始，红旗已经展开，胜利已有保障。前进！”

一次盛大检阅

1890年以后，倍倍尔一再邀请恩格斯访问祖国，阿德勒也邀请老人访问奥地利。这位年逾七旬的老人已阔别祖国和欧洲大陆17年了，对此，他早已拟定了一个计划，看看家乡的变化，观察大陆上革命工人运动的成绩，以增强信心了却思乡的心愿。后来,因整理和出版《资本论》续卷不好抽身，加上身体状况，特别还考虑到不知德国和奥国的警察机关会如何对待这位工人运动的老前辈……种种原因，老人把出访祖国和大陆的计划一推再推。

1893年8月1日，恩格斯终于实施这项三四年的旅行计划。陪他旅行的只有他的秘书路易莎·考茨基和她的未婚夫——奥地利医生弗赖贝格尔博士。这以前，老人同倍倍尔等朋友们已约定好:“以纯粹的私人身份作旅行。”

他们一行先经过荷兰到达科伦，倍倍尔夫妇在科伦火车站接他们，然后陪恩格斯一同去苏黎世。去苏黎世的意图是这样的，让倍倍尔赶上在苏黎世召开的国际代表大会，恩格斯则决定不在大会露面，只想利用许多社会主义者聚会的这个机会，与同志们个别见见面，谈一谈。

老人旧地重游，心情激动。发现祖国的工业有了巨大发展，农业也很有改进,许多城市的面貌已认不出来。科伦以崭新的面目欢迎这位《新莱茵报》的副总编，高大的建筑物、漂亮的环形大道、烟囱林立的工业区……

德国已从农业国变为头等的工业国，恩格斯深深感到资本主义工业的发展正在为无产阶级的解放斗争创造更有利的条件。

根据倍倍尔的有意安排和其他社会主义活动家的强烈要求，恩格斯在第二国际苏黎世代表大会最后一天来到这个城市，并被邀请出席代表大会闭幕式。

当大会主席宣布恩格斯的到来时，会场响起了经久不息的掌声，大会主席团请老人家担任名誉主席并致闭幕词。这里有来自18个国家的411名代表，恩格斯用德语、英语和法语致闭幕词，会场的欢呼声此起彼伏，参加大会的同志们由于能亲自见到伟大导师和亲自听到老人家的声音而激动万分。

“恩格斯乌拉！”欢呼声一阵盖过一阵。

恩格斯对人民的盛大欢迎深为感动，激动得连说话也口吃起来：“这不是对，对我个人的接待，我只是作为，作为那个肖像就挂在上面的——伟人（指马克思）的战友，来接受它……”他说：半个世纪以来，科学社会主义已经从一些小的宗派发展成了一个使整个官方世界发抖的政党。如果马克思活着，那么在欧美两洲就不会有第二个人能怀着这样理所当然的自豪心情来回顾自己毕生的事业，他指出，第一国际时期马克思主义与无政府主义划清界限，是有十分重要的意义；反对无政府主义的斗争仍然是当时的重要任务，已经光荣完成自己历史任务的旧国际有着伟大的历史功绩，新国际就是在旧国际基础上发展起来的；为了不致使这个比从前强大得多的新国际蜕化成宗派，应当容许讨论，但是共同的原则应当始终不渝地遵守。

当恩格斯宣布代表大会闭幕时，这位七旬老人竭尽全力地高呼“国际无产阶级万岁！”全场响了雷鸣和暴风雨般的祝贺声、欢呼声，全体起立，高唱《马赛曲》。

在此期间，恩格斯会见了各国党的代表，其中有意大利的屠拉梯、库利绍娃和拉布里奥拉，俄国的普列汉诺夫、查苏利奇和阿克雪里罗得，还有著名社会主义运动女领袖蔡特金以及奥地利、法国的革命者。

代表大会后，恩格斯在苏黎世的弟弟海尔曼家住了一个星期，又同倍倍尔等几个同志一起游览伯尼尔高地，然后访问维也纳。

本来，恩格斯只想以个人身份旅行，但是自从在苏黎世代表大会上发表演说后，全部计划落空。在维也纳的时候，奥地利工人又对恩格斯的到来举行极其隆重的欢迎仪式。

9月11日，奥地利社会民主党举行欢迎晚会。由于会场只能容纳600人，而成千上万的工人都希望能见到自己的导师，因此，只好在9月14日又举行了有几千人参加的大会。大会的消息一经传出，人群从四面八方拥向会场。大厅和所有通道都挤满了人，还有几千人站在街上，凝神谛听从敞开的窗户传出来的每一句话……

“亲爱的同志们！

今天晚上我受到了当之有愧的接待，在我离开这个会场以前不能不对此表示深切的、衷心的感谢。我必须说，可惜现在只能由我享受我的亡友马克思的荣誉了。我是在这个意义上接受你们的热烈欢迎的，如果说我在参加运动的五十年中，的确为运动做了一些事情，那么，我并不因此要求任何奖赏。我的最好的奖赏就是你们！……”

9 月 16 日，恩格斯乘火车经布拉格到达德国首都柏林。9 月 22 日，在安德烈斯大街的康科迪亚会馆举行盛大宴会，李卜克内西首先致欢迎词，他代表社会民主党和广大工人群众热烈欢迎恩格斯。

恩格斯对这事先没有安排的场面又只好发表演说予以答谢。他讲到柏林已经完全改变了面貌，他想起了五十年前，那时柏林还没有人知道社会民主党是什么，而现在，社会民主党在最近的选举中获得了 16000 张选票，柏林选出的六个议员中有五个是社会民主党人。他还提到他沿着莱茵河旅行所得到的印象，并且把话题转到资本主义的发展与社会民主党的成长之间的密切关系。

他最后乐观地说：“德国社会民主党是全世界最统一、最团结、最强有力的党，由于它在斗争中有冷静的头脑，严格的纪律和蓬勃的朝气，它从胜利走向胜利。社会民主党同志们！我确信今后你们也能履行自己的责任。最后让我高呼国际社会民主党万岁！”

1893 年 9 月 28 日，恩格斯离开柏林。9 月 29 日，他在路易莎陪同下回到伦敦。

恩格斯的这次大陆之行，对欧洲工人阶级是一个巨大的鼓舞，对资产阶级世界则是一个沉重的打击。一次旅行，无意中对欧洲无产阶级的蓬勃发展作了一次盛大的巡礼和检阅。但老人却在给老战友的信中写道：

“所有这些，当然他们都是出于好意，但是完全不合我的口味；好在这一次都已过去，下一次我要求有个书面协定，保证我不必在大庭广众前露面，只作为个人因私事而出来旅行。各处对我的隆重接待，当时使我吃惊，现在仍然吃惊，我宁愿把这种接待让给议会活动家和演说家，这和他们的作用更加适称，和我的活动则未必相称。”

最后的岁月

1894年10月，恩格斯的家又搬到了瑞琴特公园路41号。新住宅离市内大约近五百步，离樱草丘一百步，离瑞琴特公园入口处更近。地下室那一层除了厨房外，还有一间早餐室，厨房很大，炉灶按照英国式砌在壁炉里，装有铁叉旋转器，可以吊着烤牛肉。第一层是客厅和可以容纳24人的餐厅；第二层的前侧是他的书房，靠街有三个窗子，后侧是他的卧室；第三层有四间房子，由弗赖贝格尔和路易莎夫妇居住；第四层有四个房间，供佣人、客人居住和存放东西。庭前院后都是小花园。

老人在这里过了74岁生日后，身体明显不如以前了。七十寿辰时的恩格斯棕色的头发还不见一根白发，李卜克内西说："他精神健旺，又幽默，又威武，就像在活泼愉快热情奔放的青年时代一样。"就是出访欧洲大陆时也还有人惊讶："这个青年人七十三岁了？"岁月无情，一晃过去一二年，一团火焰的头发很快花白了。恩格斯在给左尔格的信中第一次勉强认老了："说实在的，进入七十五岁的人，已经不像以前那样精神饱满了。固然，我还算精神饱满，腿脚也还灵活，没有失去对劳动的爱好，劳动能力也较好，但毕竟发觉，从前我满不当回事的胃病和感冒，现在却要求我十分重视了。"

"在生命的第七十五个年头我已充分意识并感觉到，今后我没有权利再干那些你责怪我的不慎行为。恰恰相反！我将严格遵守饮食制度，注意消化系统，像对待爱唠叨的长官一样，时时按照他的支使行动，而为了避免咳嗽、支气管炎等之类的疾病，就要穿戴暖和，避免受凉，凡是一个有病的老人需要注意的种种麻烦事都要放在心上。"这是老人写给阿德勒的信，因为住在三楼的弗赖贝格尔这位医学博士，给恩格斯规定了一套适合老年人的生活制度。

然而，恩格斯仍然保持着旺盛的斗志和乐观的精神。他敏锐地觉察到，革命的烈火在欧洲的地下燃烧，局势大有山雨欲来之势。“意外事端一定会使我保持生命力，整个欧洲沸腾着，到处都将爆发危机，特别在俄国。那里不能维持多久了。这就更好。”

他预言，即将来临的20世纪将是共产主义取得胜利的世纪。1895年5月3日，老人没有去参加大规模的五一劳动节庆祝活动了，但他在节日里满怀希望地对朋友说：“我还有一个希望——看着新的世纪，到1901年元旦我就完全没有一点用处了，也许那时就到了末日。”

工作历来是老人最大的乐趣，疾病不得不使他时有中断。1895年2月8日，他告诉普列汉诺夫：“我的健康情况比前一段时间好。消化恢复正常，呼吸畅通，夜里可睡七个小时，工作愉快。由于第三卷校样、通信、搬家、肠病等等而使我中断了近一年的工作，终于又拿起笔来，我感到幸福。”

1895年3月，恩格斯病倒了。不久，他的颈部右侧出现了一个肿块，并迅速扩散，成为一簇位于深部的颈腺肿痛。医生知道，他患了不治之症——食道癌。到5月间，剧烈的疼痛使老人夜不能眠。他一天只能吃九个牡蛎，食用白兰地酒冲鸡蛋，烘饼配甜煮水果。

恩格斯早就为自己一旦死亡作好了一切安排。最早，他指定马克思为他的遗产的唯一继承人。马克思去世后，他又重新写了一份遗嘱。1893年7月29日，他写了最后一份遗嘱，指定穆尔、伯恩施坦、路易莎为他的遗嘱执行人。1894年11月14日，在他给遗嘱执行人的信中，对1893年的遗嘱作了补充和说明，他特别嘱咐：“我至望将我的遗体火化，而我的骨灰，一有可能就把它沉于海中。”1895年7月26日，在弥留之际，恩格斯在病榻上再次对遗嘱作了若干补充。

在遗嘱中，恩格斯首先考虑的是马克思的遗著（手稿和书信）与藏书的处理。他嘱咐，马克思的全部著作手稿和信件移交给马克思的法定继承人——他的女儿爱琳娜。他自己的手稿和书信交给倍倍尔和伯恩施坦。他和马克思的全部藏书赠给德国社会民主党领导人倍倍尔和辛格尔。1894年11月，恩格斯在写给劳拉和爱琳娜的信中，专门对这一点作了说明：“你们会发现，我大胆地把我的全部书籍，包括摩尔逝世后从你们那里得来的书籍，都赠给了德国党。全部这些书籍构成现代社会主义的历史和理论以及与之有关的一切科学的独一无二的，同时也是非常完备的文库。如果把它分开，那是很可惜的。”他解释说，把这些书交给倍倍尔和德国党的其他领导人是最合适的。恩格斯还嘱咐，从他的遗产中拨出一千英镑作为倍倍尔和辛格尔的议会活动经费。这实际上是恩格斯交的最后一笔党费。他的遗产价值三万英镑，遗嘱指定，马克思的女儿劳拉和爱琳娜两人应各得恩格斯遗产的八分之三；她们二人所得份额的三分之一是属于马克思的长女燕妮的孩子们的，因为孩子们年纪小，由她们两人负保管责任。这样，他给亡友的孩子们和外孙们，保证了以后足够的生活费用。遗产中剩下的八分之二连同家具，都赠给他的秘书路易莎。此外，他还要付一笔款子给他的内侄女玛丽·艾伦·罗舍。恩格斯并指定倍倍尔、伯恩斯坦为他的遗著的遗嘱执行者。恩格斯却没有料到，在他死后不久，伯恩斯坦就背叛了马克思和恩格斯的遗言。

7月23日，恩格斯还在伊斯特勃恩休养时，满怀希望地写信给劳拉：“看来我的颈部到了紧要关头，脓肿处可以切开，以后我终于可以轻松一些了！希望这个漫长的过程有个转折点。由于胃口不好等原因，我已经相当衰弱。也应该是好转的时候了。”同时，他还把英国选举的结果通知了劳拉，还告诉她，阿德勒从监狱里请假来到伊斯特勃恩，再一次探望他。可是信的末尾突然出现了这样的字眼：“我没有气力写长信，再见吧。”这是恩格斯写的最后一封信。

7月24日，老人在阿德勒陪同下，从伊斯特勃恩回到了伦敦自己家里。

7月28日，爱琳娜向恩格斯汇报了英国独立党在诺定昂开展运动的情况，这时，他已经不能说话，只能用石笔和石板进行笔谈。他还有没完成的任务，一直想为亡友马克思写一部完整的传记，过去为马克思写过传记文章，但远不够，“马克思的传记我当然要写”，这时，他只好用石笔石板说话了，介绍他整理资料的情况。他还念念不忘故友肖莱马的遗稿出版之事。只好口授一封致济博耳德（德国化学家肖莱马的遗嘱执行人）的信，对出版肖莱马的遗稿提出了自己的意见。这是恩格斯留下的最后一封口授信。

8月3日，阿德勒离开伦敦赴维也纳途中遇见了倍倍尔，他把恩格斯的病情告诉了他。

倍倍尔代表德国党来看望恩格斯，他及时写信给李卜克内西说：“当阿德勒到达伦敦的时候，恩格斯还能够说话，可是讲了半个钟头，就讲不出来了。他只能利用一块小型记事板来表达自己的意思。虽然如此，他的情绪很好，怀着痊愈的希望。他不知道自己害的是什么病，因为像他这样年纪的人，是不大可能患癌症的。他还在那记事板上写着一些开玩笑的话，但是别人看了是很难受的。能够做到这样，这是他真正的幸福。”

恩格斯昏迷地躺了两天了。8 月 5 日晚上 10 点 30 分，他的心脏停止了跳动。继马克思后，又一位国际无产阶级的伟大导师与世长辞。